Margit Lambach (Hrsg.)

Miniclubs und Zipfelmützen

22 neue Ideen für Mutter-Kind-Kreise

R. BROCKHAUS

RB*taschenbuch* Bd. 570

© 1999 R. Brockhaus Verlag Wuppertal
Umschlag: Dietmar Reichert, Dormagen
Zeichnungen im Textteil:
Iliane Ahlbrecht (8 Jahre), Elena Ahlbrecht (5 Jahre),
Marion Assmann und Marike Jacken (8 Jahre)
Gesamtherstellung: Breklumer Druckerei Manfred Siegel KG
ISBN 3-417-20570-0
Bestell-Nr. 220 570

Dieses Buch ist gedruckt auf 100 % Recyclingpapier

INHALT

Der »Mini-Club« Melsungen
(Beate Gaebler und Monika Ittner)

»Die Sockenhüpfer« aus Wuppertal-Heckinghausen
(Simone Jacken)

VORWORT

»Der Zwergenaufstand«, so hieß unser erstes Buch mit Programm-Ideen für Mutter-Kind-Kreise in und außerhalb der Kirche. Viele positive Rückmeldungen erreichten die Autorinnen, Vorgeschlagenes wurde ausprobiert, neue Ideen entstanden – Zeit für einen zweiten Band!

Einige der Mitarbeiterinnen, die schon beim »Zwergenaufstand« ihre Stundenentwürfe vorgestellt haben, waren bereit, sich noch einmal einzubringen: Simone Ahlbrecht, Beate Gaebler und Monika Ittner. Es gibt also unter anderem herrliche Fortsetzungsgeschichten mit dem kleinen neugierigen Schneckenmädchen Nele und Puppenspiel-Theater mit Max und Anna.

Neu dazugekommen sind Marion Assmann und Simone Jacken, die die Spielgruppenarbeit, wie sie in ihren Gemeinden geschieht, vorstellen und dieses Buch mit neuen Impulsen bereichern.

Alle Entwürfe sind wieder in der Praxis erprobt und haben sich in ihren Gruppen bewährt. Die Autorinnen wünschen sich, dass sie damit für Gruppen an anderen Orten eine gute Basis geschaffen haben, um eigene Ideen zu entwickeln, ihre Arbeit kreativ und sinnvoll zu gestalten und jedes Treffen mit neuem Schwung vorzubereiten.

Ein gutes Gelingen wünscht Ihnen dabei

Ihre Margit Lambach

»Der Zappelkreis« aus Kassel

Zur Gruppensituation

Fünf Jahre lang habe ich einen Mutter-Kind-Kreis in der Evangelisch-freikirchlichen Gemeinde Kassel-West gestaltet. Ich habe diesen Kreis weitgehend allein geleitet, da ausschließlich gemeindefremde Mütter daran teilnahmen. Deshalb habe ich ein Konzept entwickelt, das so einfach war, dass ich dies fünf Jahre mit Spaß und Freude tun konnte.

Die Gruppe war relativ groß (10 bis 15 Mütter mit ca. 10 bis 20 Kindern) und altersmäßig sehr gemischt (Kinder von 0 bis 6 Jahren). Das heißt, ich musste versuchen, den verschiedenen Altersgruppen gerecht zu werden. Ein Grundsatz war, den Kindern die Freiheit zu lassen, an einem Teil des Nachmittags nicht teilzunehmen. Allerdings mussten sie dann in einen anderen Spielraum gehen, um die Kinder, die mitmachen wollten, nicht zu stören.

Von 15.00 Uhr bis 15.30 Uhr trudelten Mütter und Kinder ein. Ich habe bewusst einen offenen Anfang gewählt, denn Mütter mit mehreren Kindern haben Mühe, zu einem festen Zeitpunkt zu erscheinen. Offizieller Beginn war dann um 15.30 Uhr. Wir haben den Spielraum verlassen und uns im Bastelraum auf den Boden gesetzt. Dieser Teil war besonders für die Kleinen gedacht. Die größeren Kindergartenkinder hatten manchmal keine Lust und blieben im Spielzimmer, denn am Stuhlkreis hatten sie ja schon im Kindergarten teilgenommen.

Als Erstes kam das Begrüßungslied. Kinder lieben Rituale und singen gern immer das gleiche Lied, aber ich habe auch mal andere Vorschläge gemacht. Dann folgten Reime, Fingerspiele und Mitmachlieder. Die Kinder durften sich natürlich auch immer Lieder aussuchen. Diesen Teil habe ich ganz flexibel gestaltet.

Dann folgte der Thementeil. Dazu habe ich meist eine Geschichte vorgelesen oder ein kleines Puppenspiel gemacht. Die

Basteleinheit habe ich möglichst zur Geschichte passend ausgesucht. Spätestens jetzt tauchten auch die Kindergartenkinder wieder auf; sie wollten das Basteln nicht verpassen.

Wer fertig war, konnte spielen gehen. Anschließend haben wir noch gemeinsam gegessen. Jeder hat dazu etwas mitgebracht – und beim Essen war es dann tatsächlich mal ein paar Minuten ruhig. Dann räumten alle miteinander auf. Die Kinder konnten noch toben und die Mütter sich unterhalten, bis das Abschlusslied den Nachmittag beendete. Zwischen 17.30 und 18.00 Uhr konnte ich die Türen wieder abschließen.

Ich habe immer viel Spaß am Spielkreis gehabt, und die rege Teilnahme hat mich ermutigt weiterzumachen. Aus beruflichen Gründen und auch weil meine eigenen Kinder dem Spielkreis entwachsen sind, setze ich diese Arbeit nun nicht weiter fort. Ihnen wünsche ich viel Freude mit Ihrem »Zappelkreis«!

Simone Ahlbrecht

▶ Thema: **Enttäuschung**
▷ Text: »Nele wird enttäuscht«
▷ Zielgedanke: Enttäuschung kann man überwinden

Einstieg

Begrüßungslied:

»Guten Morgen, guten Morgen!
Macht euch heut nicht zu viel Sorgen!
Denkt daran, wie gut wir's haben,
und dankt Gott für alle Gaben!«

(Unser Kinderliederbuch, Nr. 261)

Reim:

»Es tröpfelt«
(aus: »Das ist der Daumen Knuddeldick« von Marga Arndt/
Waltraud Singer, Ravensburger Verlag, Ravensburg 1998[14])

Es tröpfelt, es regnet, es gießt,
  (mit zwei Fingern, dann mit zehn Fingern wird auf dem
  Tisch, immer lauter werdend, das Geräusch des Regens nachgeahmt)
es hagelt,
  (mit den Knöcheln wird das Hageln dargestellt)
es blitzt,
  (die rechte Hand zuckt durch die Luft)
es donnert –
  (mit beiden Fäusten auf den Tisch schlagen)
alle Leute laufen schnell nach Haus!
  (die Finger laufen auf dem Tisch und verschwinden dann
  hinter dem Rücken)

Mitmachlied:

»Ich will auf meine Pauke hauen«
(Unser Kinderliederbuch, Nr. 22)

Dieses Lied kann hervorragend mit Instrumenten begleitet werden. Die Kinder lieben es, wenn sie mal so richtig »auf die Pauke hauen dürfen«, sie mögen den Krach. Allerdings ist der Lärm nicht zu empfehlen, wenn Babys dabei sind!

Lieder für die ganz Kleinen, damit es wieder etwas ruhiger wird:

Eine kleine Spinne krabbelt an der Wand.
Dann kommt der Regen, spült sie in den Sand.
Dann kommt die Sonne, trocknet Haus und Land.
Eine kleine Spinne krabbelt an der Wand.

(auf die Melodie »Spannenlanger Hansel, nudeldicke Dirn« mit Bewegungen, die die Kinder sich ausdenken können)

oder das bekannte

Wie das Fähnchen auf dem Turme
sich kann dreh'n bei Wind und Sturme,
so soll sich mein Händchen dreh'n,
dass es eine Lust ist, anzuseh'n!

Erarbeitung

Geschichte vorlesen: »Nele wird enttäuscht«

Manchmal ist alles anders. Bei Schnecken meine ich. Schnecken haben es gerne ein bisschen feucht, es kann ruhig auch etwas regnen ... Während wir Menschen es doch lieber haben, wenn die Sonne scheint, oder?

An einem schönen, regnerischen Apriltag wollte Neles Familie einen Ausflug machen. Doch es kam alles ganz anders. Wollt ihr die Geschichte hören?

Nele wachte früh auf. Es war noch fast dunkel. Nele war sehr aufgeregt, denn heute wollten sie mit der ganzen Schneckenfamilie einen Ausflug machen.

Das wird bestimmt toll, dachte Nele vergnügt.

Sie schlich auf Zehenspitzen in die Küche und fing an, das Frühstück vorzubereiten. Mutti wird sich freuen, und wir können dann auch schneller starten, ging es Nele durch den Kopf.

Aber dann fiel ihr Blick nach draußen. Die Sonne glitzerte im Gras und es schien ein sonniger Tag zu werden. Gestern hatte es herrliche Bindfäden geregnet. Habt ihr schon mal erlebt, dass es Bindfäden regnet? Man kann keine einzelnen Tropfen mehr sehen, der Regen fällt wie an Bindfäden herunter. Aber jetzt begann die Sonne den ganzen schönen Regen von gestern aufzulecken. »Mist«, dachte Nele, »sonst ist es um diese Jahreszeit nie so warm.«

Nun begann es auch aus Neles Augen zu tropfen ... »Es wird bestimmt mit dem schönen Ausflug heute nichts«, weinte sie. Nele schluchzte so laut, dass ihre Mutter davon wach wurde.

»Aber Nelekind, was hast du denn?«, fragte sie.

Vor lauter Weinen konnte Nele gar nicht sprechen. Sie zeigte nur stumm auf den strahlenden Sonnenschein, der durch die Blätter linste.

»Au weia«, stöhnte die Schneckenmutter, »bei dieser Hitze werde ich bestimmt keinen Fühler vor die Tür strecken. Aber wir können den Ausflug ja auf einen Tag verschieben, an dem es wieder kühler ist«, versuchte die Mutter zu trösten.

Da war sie bei Nele an der falschen Adresse.

»Ich will aber jetzt einen Ausflug machen«, schimpfte sie. »Die blöde Sonne stört mich nicht.«

»Aber mich«, sagte Neles Mutter ruhig, »ich bleibe jedenfalls bei dem Sauwetter zu Hause und lege mich noch mal ins Bett.« Sie kannte ihre Tochter und wusste, dass sie jetzt mit Reden nicht weiterkommen würde.

»Typisch«, meckerte Nele, »du verkriechst dich und ich kann sehen, wo ich bleibe.« Wutschnaubend lief sie zur Tür und man hörte nur noch: »Ich gehe!«

Dann war sie verschwunden.

Es war wirklich eklig draußen: Wo gestern noch tolle Pfützen gewesen waren, war jetzt nur noch Schlamm. Und auch der würde trocknen, wenn die Sonne so weitermachte. Aber aufgeben konnte Nele natürlich nicht. Also kraxelte sie missmutig weiter. Sie brabbelte, moserte und motzte vor sich hin. Ab und zu liefen ihr wieder Tränen über die Backen. Ob vor Wut, Trauer oder Enttäuschung, konnte man nicht sagen.

Langsam wurde Nele ruhiger und blieb stehen. Wo war sie nur gelandet? Unsicher sah sie sich um. Plötzlich bewegte sich die Erde unter ihr.

»Ach du meine Güte!«, rief Nele erschrocken. »Jetzt gibt es auch noch ein Erdbeben!« Dann verschwand sie in ihrem Schneckenhaus. Es rumpelte und polterte ein bisschen, dann war es wieder still.

Nach einer Weile schaute sie vorsichtig aus ihrem Häuschen heraus. Sie blickte in das freundliche Gesicht von Max, dem Maulwurf.

»Hallo, Nele, es tut mir Leid, dass ich dich fast eingegraben habe«, entschuldigte sich der schwarze Feldarbeiter. »Ich wollte nur mal gucken, ob es immer noch so eklig hell hier draußen ist.

Konnte ja nicht ahnen, dass bei diesem Wetter Leute unterwegs sind.«

Nele versuchte, sich die trockene Erde abzuklopfen. »Halb so schlimm, Max«, sagte sie, »ich werde wohl nach Hause kriechen und nachsehen, wie die anderen diesen Tag verbringen. Außerdem habe ich Hunger.«

»Als Entschädigung für den Schreck lade ich dich zu einem kleinen Imbiss ein«, lachte Max. »Dann bringe ich dich durch meine Tunnel nach Hause. Ist das ein Angebot?«

Und ob das ein Angebot war! Unter der Erde war es herrlich, ein bisschen dunkel vielleicht, aber wunderbar kühl und feucht.

Durch die Maulwurfsgänge zu laufen war ein Abenteuer und mindestens so schön wie ein Familienausflug. Vielleicht sogar noch ein bisschen besser.

Basteleinheit zur Geschichte:

Menschenkinder denken bei schlechtem Wetter eher an Regen. Deshalb malen wir ein Regenbild mit Wasserfarbe. Die Kinder sollten Malkittel (alte Hemden) anziehen, weil sich Wasserfarbenflecken nicht in der Waschmaschine entfernen lassen. Das Wasser füllt man am besten in Marmeladengläser; die fallen nicht so leicht um – und dann kann es losgehen!

Abschluss

Freies Spielen; währenddessen können die Bilder trocknen. (Nicht vergessen, die Namen draufzuschreiben!)

Das gemeinsame Kaffeetrinken wird mit einem Gebet oder Lied eingeleitet:

»Jedes Tierlein hat sein Essen,
jedes Blümlein trinkt von dir.
Hast auch unser nicht vergessen;
lieber Gott, wir danken dir!«

(Man kann es auch nach der Melodie »Kommt ein Vogel geflogen« singen.)

Nach dem Aufräumen folgt das *Abschlusslied*: »Alle Leut'« mit Bewegungen:

»Alle Leut', alle Leut', gehen jetzt nach Haus!
Große Leut', (die Arme über den Kopf recken)
kleine Leut', (die Hände nach unten halten)
dicke Leut', (mit den Händen einen dicken Bauch zeigen)
dünne Leut', (Hände auf den Bauch legen)
alle Leut', alle Leut' gehen jetzt nach Haus.«

▶ Thema: **Krankheit**
▷ Text: »Nele und die roten Punkte«
▷ Zielgedanke: Jesus hilft

Einstieg

Begrüßungslied:

»Gott hält die ganze Welt in seiner Hand«
(Unser Kinderliederbuch, Nr. 251),

abgewandelt mit »Gott hält Sabine (Name des Kindes) und
Maria (Name der Mutter) in seiner Hand«

Reim:
»Weine nicht«
(Rolf Krenzer, in: Detlev Jöcker, »Ich bin der kleine Zappel-
mann«. Alle Rechte im Menschenkinder Verlag, 48157 Münster)

Weine nicht, weine nicht,
ich pust' dir leise ins Gesicht.
   (dem Kind leicht ins Gesicht pusten)
Ich puste auf dein Näschen, dann wird's vielleicht ein Späßchen.
   (Kind auf die Nase pusten)
Ich puste hinters Ohr,
   (hinter das Ohr pusten)
dann kommt schon das Lachen, dann kommt schon das Lachen,
dann kommt schon das Lachen hervor.
   (das Kind kitzeln)

Mitmachlied:

»Wer will fleißige Handwerker seh'n«

Wer will fleißige Handwerker sehn,
der muss zu uns Kindern gehen.

Stein auf Stein, Stein auf Stein,
das Häuschen wird bald fertig sein.

Seht wie fein, seht wie fein,
der Glaser setzt die Scheiben ein.

Strich, strich, strich – strich, strich, strich,
der Maler malt die Wände frisch.

Schrumm, schrumm, schrumm –
schrumm, schrumm, schrumm,
der Schlosser dreht den Schlüssel um.

Tief hinein, tief hinein,
der Schornstein wird bald sauber sein.

Zisch, zisch, zisch – zisch, zisch, zisch,
der Tischler hobelt glatt den Tisch.

Rühret fein, rühret fein,
der Bäcker rührt den Kuchen ein.

Poch, poch, poch – poch, poch, poch,
der Schuster flickt im Schuh ein Loch.

Stich, stich, stich – stich, stich, stich,
der Schneider näht ein Kleid für dich.

Hopp, hopp, hopp – hopp, hopp, hopp,
alle tanzen im Galopp.

Alle Bewegungen können mit den Händen bzw. dem ganzen
Körper nachgeahmt werden. Wer mag, kann auch noch weitere
Strophen dazuerfinden.

Erarbeitung

Geschichte vorlesen: »Nele und die roten Punkte«

»Wie findet ihr rote Punkte?« – »Wo denn?«, werdet ihr fragen.
Rote Punkte auf Geschenkpapier sehen lustig aus, rote Punkte
auf einem schwarzen Pullover auch. Aber rote Punkte im Gesicht bedeuten meistens Ärger ... So war es auch bei Nele. Sie
fühlte sich gar nicht gut. »Mama, der Hals tut mir weh und
der Kopf und die roten Flecken jucken ganz schrecklich«, jam-
merte Nele. Sie lag im Bett und war krank. Mama sagte, sie hätte eine Schneckenkinderkrankheit. Das glaubt ihr nicht, dass
Schnecken auch Kinderkrankheiten bekommen? Bei Nele passierte es tatsächlich, und ihr gefiel das gar nicht.

»Ich werde mich an dein Bett setzen und dir eine schöne
spannende Geschichte erzählen«, sagte Mama.

Da ging es Nele auch gleich ein bisschen besser, aber nur ein
ganz kleines bisschen.

Als Mama dann so erzählte, wurde sie müde und noch müder
und immer noch müder – und schließlich schlief sie ein. Sie
träumte, dass sie immer mehr von diesen scheußlichen roten
Punkten bekam. Und plötzlich fingen die Punkte auch noch zu
streiten an: »Halt, hier war ich zuerst, du kannst dich woanders
niederlassen, das ist meine Nase«, sagte ein besonders fieser
Punkt. »Nein, es ist meine Nase!«, wollte Nele einwenden, aber
bei dem lauten Geplapper konnte sie niemand hören. »Ich kann
viel schlimmer jucken als du!«, brüllte ein anderer. »Aber dafür
werde ich ganz heiß, siehst du«, lachte hinterlistig ein weiterer
Punkt.

Und richtig: Nele wurde es ganz heiß und die roten Flecken juckten immer doller. Das war ja nicht mehr zum Aushalten! Wenn sie doch nur aufhören würden zu schreien und zu jucken! »Lieber Gott, hilf mir!«, rief Nele. »Du hast doch viele Menschen gesund gemacht. Da könntest du doch zur Abwechslung mal einer kleinen Schnecke helfen, bitte!« Da wurde das Murmeln der roten Punkte immer leiser und Nele konnte endlich schlafen. Nach einiger Zeit wachte Nele auf. Der Kopf tat noch weh und der Hals auch, aber nicht mehr so schlimm. Die roten Punkte waren noch da, aber sie waren wenigstens still.

»Mama, bringst du mir bitte was zu trinken und erzählst mir dann noch eine Geschichte?« – »Aber Nele, die letzte Geschichte hast du ja verschlafen«, antwortete die Schneckenmutter. »Eben, deswegen möchte ich eine andere Geschichte hören. Vielleicht eine von Jesus, wo er Menschen gesund macht.«

»Also gut, kleine Nele, ich werde dir eine Geschichte von Jesus erzählen: Es war einmal ein Hauptmann in einer Armee. Viele Soldaten gehorchten ihm. Er war der Chef. Der Hauptmann hatte einen Diener, der wurde eines Tages sehr krank. Dieser Mann hatte große Schmerzen und konnte sich nicht mehr bewegen. Der Hauptmann war sehr traurig, dass es dem Mann so schlecht ging. Aber er hatte von Jesus gehört, der Kranke gesund machen konnte. Er suchte Jesus. Als er ihn endlich gefunden hatte, erzählte er Jesus von seinem kranken Diener.

Jesus sagte zu ihm: ›Ich werde mit dir kommen und deinen Gehilfen gesund machen.‹ – ›Du brauchst nicht mit mir zu kommen‹, sagte da der Hauptmann, ›sag nur ein Wort, und mein Diener wird gesund.‹ Jesus wunderte sich, dass der Hauptmann wusste, dass Jesus so große Macht hatte. Er sagte zu dem Mann: ›Geh nach Hause, dein Diener wird gesund sein.‹ Der Hauptmann glaubte Jesus und ging nach Hause. Und wirklich, der Diener war gesund!« – »Das war eine schöne Geschichte«, murmelte Nele, als die Mutter leise das Zimmer verließ.

Basteleinheit zur Geschichte:

Mit Schminke dürfen die Kinder sich gegenseitig rote Punkte malen oder andere gefährlich aussehende Krankheits-Flecken. Auf Wunsch kann man auch tolle Fantasiegesichter malen (eventuell ein Schminkbuch als Vorlage verwenden).

Abschluss

Freies Spielen und anschließend gemeinsames Kaffeetrinken.

Vor dem Essen singen alle gemeinsam das Lied »Alle guten Gaben, alles, was wir haben, kommt, o Gott, von dir, wir danken dir dafür« (Unser Kinderliederbuch, Nr. 266).

Nach dem Aufräumen verabschieden wir uns mit dem Schlusslied.

▶ Thema: **Der erste Schultag**
▷ Text: »Neles großer Tag«
▷ Zielgedanke: Wir sind nicht allein

Einstieg

Begrüßungslied:

»Guten Morgen« nach der Melodie von »Bruder Jakob«
(aus: Margit Lambach, (Hrsg.), *Der Zwergenaufstand*, R. Brockhaus Verlag, Wuppertal 1997, Seite 12)

Reim:

»Die Fledermäuse«
(Text: Ingrid Biermann)

Dieser Reim kann auch nach der Melodie von »Zehn kleine Negerlein« gesungen werden:

Zehn schwarze Fledermäuse fliegen auf und ab.
   (die Finger spreizen und wellenförmig bewegen)
Zehn schwarze Fledermäuse machen niemals schlapp.
   (die Hände schnell hin- und herbewegen)
Zehn schwarze Fledermäuse fliegen kreuz und quer.
   (die Arme kreuzen)
Zehn schwarze Fledermäuse sehen gar nichts mehr.
   (mit den Händen die Augen zuhalten)
Zehn schwarze Fledermäuse machen sich ganz klein.
   (die Hände ballen und sie sich auf den Kopf legen, dann ein wenig ducken)
Zehn schwarze Fledermäuse schlafen leise ein.
   (den Kopf auf die Hände legen)

Mitmachlieder:

»Singt mit uns und klatscht in die Hände«
(Unser Kinderliederbuch, Nr. 252)

oder

»Ich hab 'ne Tante in Marokko und die kommt«
(nach der Melodie »Von den blauen Bergen kommen wir«)

1. Ich hab 'ne Tante in Marokko und die kommt: hip, hop!
   (zweimal wiederholen)
Ich hab 'ne Tante in Marokko, hab 'ne Tante in Marokko, hab 'ne Tante in Marokko und die kommt: hip, hop!
   (bei »hip, hop!« zeigt man mit beiden Daumen nacheinander über die Schultern)
Refrain: Singen yah, yah, yippih, yippih, yeah (wie die Strophen singen), hip, hop!

2. Und sie reitet auf Kamelen, wenn sie kommt: hoppeldipopp!
   (mit den Händen Wellenbewegungen machen)
Refrain: Singen yah, yah, yippih, yippih, yeah, hip, hop, hoppeldipopp!

3. Und wir trinken Coca-Cola, wenn sie kommt: gluck, gluck!
   (mit der Hand einen imaginären Becher zum Mund führen)
Refrain: Singen yah, yah, yippih, yippih, yeah, hip, hop, hoppeldipopp, gluck, gluck!

4. Und wir essen Schokolade, wenn sie kommt: knack, knack!
   (mit den Händen »Schokolade« durchbrechen)
Refrain: Singen yah, yah, yippih, yippih, yeah, hip, hop, hoppeldipopp, gluck, gluck, knack, knack!

5. Und sie schießt aus zwei Pistolen, wenn sie kommt: piff, paff!
   (mit den Zeigefingern Pistolen nachmachen)
Refrain: Singen yah, yah, yippih, yippih, yeah, hip, hop, hoppeldipopp, gluck, gluck, knack, knack, piff, paff!

6. Und wir schrubben unsre Wohnung, wenn sie kommt: schrubb, schrubb!

   (beide Hände vor- und zurückbewegen)
Refrain: Singen yah, yah, yippih, yippih, yeah, hip, hop, hoppeldipopp, gluck, gluck, knack, knack, piff, paff, schrubb, schrubb!

7. Und dann kommt ein Telegramm, dass sie nicht kommt: ooo-oooooooooh!

   (trauriges Gesicht machen und Handflächen nach oben drehen)
Refrain: Singen yah, yah, yippih, yippih, yeah, hip, hop, hoppeldipopp, gluck, gluck, knack, knack, piff, paff, schrubb, schrubb, oooooooooooh!

(mündlich überliefert; weitere Strophen können erfunden werden. Vielleicht kommt die Tante ja doch?)

Erarbeitung

Geschichte vorlesen: »Neles großer Tag«

Nele schlug die Augen auf. Es war dunkel. Leise stand sie auf und schlich ins Wohnzimmer. Ja, da stand sie noch! Vorsichtig kroch Nele zurück ins Bett. Aber sie musste noch dreimal in dieser Nacht aufstehen und nachsehen, ob sie noch da war. Diese Nacht war die längste Nacht, an die Nele sich erinnern konnte. Sie wollte und wollte nicht enden.

Könnt ihr euch denken, warum Nele so aufgeregt war? Ich werde euch das Ding beschreiben, das da im Schneckenwohnzimmer stand. Es war aus einem hübschen grünen Blatt geformt. Innen drin waren viele geheimnisvolle Sachen, über die Nele die ganze Nacht nachdachte. Nele stellte sich vor, dass viele Leckereien drin waren, zum Beispiel Salattörtchen mit Erdbeerglasur und viele kleine bunte Päckchen mit Überraschungen und und und ...

Wisst ihr, was es war? Ja, richtig, es war eine Schnecken-

Zucker-Schultüte! Nele fieberte ihrem ersten Schultag entgegen. Natürlich gingen ihr viele Fragen durch den Kopf: Waren die anderen Kinder nett, die in ihre Klasse kommen würden? Würde die Lehrerin oder der Lehrer streng sein? Musste sie den ganzen Morgen auf ihrem Schneckenpopo sitzen? Würde sie auch immer genügend zu essen dabeihaben? Was passierte, wenn sie zu spät kam? Wie sollte sie nur so etwas Schwieriges wie Rechnen lernen?

Aber sie freute sich auch. Nicht nur wegen der Zuckertüte, denn ihr großer Bruder ging gern in die Schule. Floris hatte eine Menge Ahnung von vielen Dingen. Der Lehrer wusste bestimmt fast alles und Nele hatte ja immer viele Fragen. Aber würde es dem Lehrer gefallen, wenn sie so viel fragte? Ihre Mutter konnte ihre Fragen manchmal gar nicht leiden! Und obwohl sie noch über vieles nachdachte, schlief Nele dann doch endlich ein.

»Nele, Nele, wach endlich auf! Du kannst doch nicht deinen ersten Schultag verschlafen!«, hörte sie plötzlich aus weiter Ferne. Mühsam machte Nele die Augen auf. War es etwa schon der nächste Morgen?

»Ich bin wach, Mama!«, flüsterte Nele. Das Frühstück wollte nicht so recht schmecken, obwohl es Neles Lieblingsspeise war: Spinatblätter mit Tautropfen.

Endlich war es so weit. Die Schneckenfamilie war herausgeputzt und stand mit den anderen Familien auf dem Schulhof. Nele war ein bisschen blass, aber sie sah sich tapfer und auch neugierig um. Den anderen Kindern schien es nicht anders zu gehen, sie standen auch etwas verloren herum. Plötzlich kam Bewegung in die Menge. Nele reckte den Kopf. Was war denn da vorne los? In der Mitte des Hofes hatten sich die größeren Schulkinder aufgestellt. Da war ja auch Floris, er lächelte und winkte ihr zu. Schon wurde der Kloß in Neles Hals etwas kleiner. Die Kinder sangen ein lustiges Lied und alle lachten und klatschten dazu. Nele hatte gar keine Zeit mehr, an ihre Angst zu denken, denn sie gingen nun mit der Lehrerin in ihre neue Klasse.

»Mama, es war toll!«, rief Nele atemlos, als der erste Schultag vorüber war. »Die Lehrerin ist nett, ich darf immer fragen, wenn ich etwas nicht weiß, und das Mädchen neben mir will mich mal nachmittags besuchen und wir haben kleine Stühle und Tische und jedes Kind ...«, sprudelte es aus ihr heraus. Doch dann holte Nele tief Luft: Da war ja noch die Zuckertüte! Die musste natürlich gleich mal ausgepackt werden. Außerdem war die Tüte aus einem besonders leckeren Blatt gerollt, in das Nele nun herzhaft hineinbiss. Ein Glück, dass man die Zuckertüte essen konnte, denn Nele merkte plötzlich, dass sie furchtbar hungrig war. »Und morgen gehe ich wieder in die Schule«, sagte Nele beim Kauen, »heute haben wir nämlich noch gar nichts gelernt.«

Basteleinheit zur Geschichte:

Den Umriss einer Zuckertüte auf ein Blatt malen. Die Kinder reißen Buntpapier in kleine Stücke und kleben sie auf das Blatt mit der Zuckertüte. (Buntpapier ist selbstklebend, es braucht nur mit Spucke angefeuchtet zu werden.) Wenn größere Kinder dabei sind, dürfen sie alles aus Zeitungen ausschneiden, was sie sich in eine Zuckertüte wünschen und neben die Zuckertüte kleben.

Abschluss

Freies Spielen, danach gemeinsames Kaffeetrinken. Vor dem Essen singen alle: »Was wir brauchen, gibt uns Gott« (Unser Kinderliederbuch, Nr. 271). Nach dem Aufräumen singen wir dann noch ein Abschlusslied.

▶ Thema: **Umgang mit anderen Menschen**
▷ Text: »Nele hört nicht zu«
▷ Zielgedanke: Bilde dir eine eigene Meinung

Einstieg

Begrüßungslied:

»Tsch, tsch, tsch, die Eisenbahn«

Reim:
»In dieser Hand«
(Lore Kleikamp, in: Detlev Jöcker, »Ich bin der kleine Zappelmann«. Alle Rechte im Menschenkinder Verlag, 48157 Münster)

In dieser Hand wohnt ein Elefant.
   (eine Faust machen)
Er streckt seinen Rüssel zum Fenster hinaus
und fragt: »Wer will noch in dieses Haus?«
   (Zeigefinger als Rüssel ausstrecken)
Es ist für mich schon viel zu klein,
drum zieh' ich meinen Rüssel ein!
   (Zeigefinger wieder verstecken)

Mitmachlieder:

Das »Kindermutmachlied« singen (Unser Kinderliederbuch, Nr. 210) und mit Instrumenten begleiten;

als Refrain dazu singen: »Das wünsch' ich sehr, dass immer einer bei mir wär, der lacht und spricht: Fürchte dich nicht.« (Unser Kinderliederbuch, Nr. 209)

Lieder, die zum Thema passen:

»Ein jeder kann kommen« (Unser Kinderliederbuch, Nr. 286)

»Peter und Ayshe«

Pe - ter mag die Ay - she, doch er fragt sich:
soll ich es ihr sa - gen? Denkt: Das schaff ich

wie nie! Er traut sich nicht, er

traut sich nicht, er traut sich ein - fach nicht.

2. Ayshe mag den Peter, doch sie fragt sich:
   Wie soll ich es ihm sagen? Denkt: Das schaff ich nie!
   Sie traut sich nicht, sie traut sich nicht,
   sie traut sich einfach nicht.

3. Peter denkt: Ich lad sie mal zum Spielen ein.
   Doch wenn ich sie frage, sagt sie sicher nein!
   Er traut sich nicht, er traut sich nicht,
   er traut sich einfach nicht.

4. Ayshe denkt: Ich sag ihm, dass ich singen kann!
   Doch dann fängt er sicher gleich zu lachen an.
   Sie traut sich nicht, sie traut sich nicht,
   sie traut sich einfach nicht.

5. Beide haben sich auf einmal angelacht,
   und dann hat die Schule viel mehr Spaß gemacht.
   Sie trauten sich, sie trauten sich
   und wussten nur zu gut:
   Man braucht dazu, man braucht dazu
   doch nur ein bisschen Mut.

(Klaus W. Hoffmann, in: »Wenn der Elefant in die Disco geht«, Otto Maier
Verlag)

Erarbeitung

Geschichte vorlesen: »Nele hört nicht zu«

Es ist laut. Ziemlich laut. Fast ein kleiner Tumult. Dieser kleine runde Platz da unter dem Gebüsch – was könnte das wohl sein? Wenn wir leise sind und die Ohren spitzen, erfahren wir vielleicht, was da los ist!

»Schnick, schnack, schneck, du musst weg. Schnick, schnack, schneck und du musst weg!«, rufen die Schneckenkinder. Sie haben einen Kreis um eine große Schnecke gebildet. »Hau ab, du bist ein Spielverderber!«, ruft eins von den Schneckenkindern. »Ja, du bist zu doof, um bei uns mitzumachen«, ruft ein anderes. Wütend funkelt das große Schneckenkind die anderen an: »Wen ich von euch alleine erwische, den verhaue ich. Darauf könnt ihr euch verlassen.«

»Dicke Schnecke, doofe Schnecke«, rufen die Kinder hinter der großen Schnecke her, als diese davonkriecht.

Ja, ihr habt richtig geraten. Wir haben einen Blick auf den Schneckenschulhof erhascht. Da ist ja ganz schön was los. Es hat mal wieder Streit gegeben mit Selma, dem größten Schneckenkind in der Klasse. Das ist schon oft passiert. Selma schubst, drängelt, haut und sagt gemeine Sachen, sagen alle Schneckenkinder. Dann stimmt es ja wohl auch, oder? Sogar die Lehrerin, Frau Schneckel, meint, dass Selma sich schlecht benimmt.

Nele hat kräftig mitgerufen: »Dicke Schnecke, doofe Schnecke!« Selma ist ja auch richtig doof. Niemand will sie zur

Freundin haben. Niemand will mit ihr spielen, weil sie jedes Spiel durcheinander bringt. Trotzdem hat Nele ein komisches Gefühl und sie hat plötzlich keine Lust mehr, mit den anderen zusammen zu sein. Nach der Schule will sie Max, den Maulwurf besuchen; vielleicht kennt der sich ja mit so was aus. Warum hat Gott nur Leute gemacht, die doof oder gemein sind? Ist ihm da ein Fehler passiert? Und hat Gott auch die lieb, die keiner leiden kann?

Ich muss unbedingt Elvira danach fragen, denkt Nele. Am Nachmittag, als die Sonne die Erde wärmt, so dass es Spaß macht, auf ihr zu kriechen, klettert Nele auf den höchsten Maulwurfshügel, den sie finden kann. Sie bohrt ein kleines Loch hinein und ruft: »Hallo, Max, wie geht es dir da unten?« Es dauert nicht lange, da streckt Max seinen schwarzen Kopf aus der Erde. »Hallo, Nele, ist das aber wieder mal hell heute! Ich muss meine Sonnenbrille holen, dann können wir uns etwas unterhalten.«

Bald ist er wieder da und die beiden machen es sich auf einem Erdhügel gemütlich. »Sag mal, Max, gibt es bei euch da unten auch Maulwürfe, die keiner leiden kann, weil sie unfreundlich und gemein sind?«, fängt Nele an. »Lass mich nachdenken«, erwidert Max. »Na ja, dem kleinen Herrn Würfel gehen wir lieber aus dem Weg, weil er sich immer gleich so aufregt. Aber sonst kommen wir ganz gut miteinander aus. Wieso fragst du?«

Da erzählt ihm Nele die ganze Geschichte von Selma und dass sie irgendwie ein komisches Gefühl bei der Sache hat. »Einfach nicht hinhören«, murmelt Max und kratzt sich am Kopf. »Wie bitte?«, fragt Nele. Was soll denn das schon wieder heißen? Manchmal gibt Max schon sonderbare Antworten, aber sonst ist er ein netter Kerl. »Na ja, hör einfach nicht hin, was andere über jemanden sagen. Finde selbst heraus, wie jemand ist. Nur weil alle dasselbe sagen, muss es noch lange nicht stimmen. Man kann auch ganz anderer Meinung sein.«

Nele fällt es schwer, nicht hinzuhören. Aber nach einiger Zeit fällt es ihr leichter, Selma zu betrachten, ohne gleich an blöd und gemein zu denken. Sie merkt, dass Selma traurig ist, wenn die anderen nicht mit ihr spielen wollen, und dann fängt sie an, jemanden zu schubsen. Selma will nicht allein sein! »Finde es selbst heraus«, hat Max gesagt. Also muss sie es wohl tun. »Selma, willst du mich heute besuchen und mit mir spielen?«, fragt Nele leise in der großen Pause. Selma sieht sie überrascht an. »Ja – ja, ich würde gerne«, stottert Selma. »Die kleine Nele und die doofe Selma wollen sich zusammentun, ha,ha«, ruft ein Junge ihnen nach, der das Gespräch belauscht hat. Aber Nele denkt nur: »Einfach nicht hinhören, finde es selbst heraus!«

Basteleinheit: Einen Obstsalat machen

Material: Obst der Saison, das sich gut schneiden lässt; zum Beispiel Bananen, Äpfel, Birnen, Pfirsiche, Aprikosen, kernlose Weintrauben, Erdbeeren; dazu Nüsse (ganz oder gerieben), Rosinen , flüssige Sahne und Zitronensaft. Außerdem braucht man Holzbrettchen, kleine Messer (nicht zu scharf), eine große Schüssel und ein Salatbesteck.

Bevor es losgeht, kann man noch ein lustiges Spiel von Josef Guggenmos einschieben (Rechte beim Autor):

»In einer Schüssel lagen eine Karotte (als Nase)
und zwei Mandarinen (Augen),
eine Banane (als Mund, nach unten gebogene Mundwinkel) und
vier Rosinen (als Tränen).
Ein Weinen war das und Klagen, nicht zu ertragen.
Was ist da zu tun? Was machen wir?
Die vier Rosinen verspeisen wir.
Die Banane legen wir herum, und schon ist aller Kummer um.«

Alle Kinder dürfen selbst das Obst schneiden und natürlich auch naschen. Das geschnittene Obst kommt in die Schüssel, ein wenig Zitronensaft verhindert das Braunwerden und sorgt noch für ein paar zusätzliche Vitamine und den guten Geschmack. Je nach Geschmack kann man noch Nüsse, Sahne und Rosinen dazugeben, umrühren – und fertig! Guten Appetit!

Abschluss

Nach dem Freispiel und dem gemeinsamen Kaffeetrinken räumen noch alle miteinander auf und singen ein Schlusslied.

► Thema: **Das Gleichnis vom Senfkorn**
▷ Text: »Nele gibt ihren Senf dazu«
▷ Zielgedanke: Gottes Liebe kann wie ein kleiner Samen in uns wachsen

Einstieg

Begrüßungslied:

»Gott hält die ganze Welt in seiner Hand«
(man kann es auch mit den Namen der Kinder singen)

Reim:
»Jetzt krabbelt die Maus«

Miau macht die Katze,
i-a macht der Esel,
wau-wau macht der Hund,
ch-ch macht das Schwein.
    (nach jeder Zeile die Tierstimmen nachmachen)
Jetzt krabbelt die Maus in dein Hemdchen hinein.
    (die Finger krabbeln in den Halsausschnitt des Kindes)

Mitmachlieder:

»Kommt alle her, halli hallo«
(Unser Kinderliederbuch, Nr. 299)

»Ich bin der kleine Zappelmann« (s. S. 32)

Mit Fingerfarben kann man dazu ein einfaches Gesicht (Punkt, Punkt, Komma, Strich) auf die Handinnenfläche malen und die Strophen des Liedes mit der Hand nachspielen.

»Ich bin der kleine Zappelmann«

Refrain

Ich bin der klei- ne Zap- pel- mann, schau her, ich zeig' dir,
was ich kann. Ich zap- pel hin und zap- pel her,
doch ich kann noch viel, viel mehr. 1. Spring' auf dei- ne
Na- se und be- such' dein Ohr. Kit- zel jetzt an
dei- nen Hals und hab' noch an- d'res vor.

(Text und Musik: Detlev Jöcker, in: »Ich bin der kleine Zappelmann«. Alle Rechte im Menschenkinder Verlag, 48157 Münster)

2. Hüpf' auf deinen Bauch,
   komm' zu den Knien auch.
   Rutsch' herunter auf die Zeh'n,
   da kannst du mich nicht sehn.

Weitere Lieder, die zur Geschichte passen:

»Eine kleine Schnecke beschaut sich ihre Welt«
(Unser Kinderliederbuch, Nr. 293, Strophe 3)

»Für das Licht und für die Erde«
(Unser Kinderliederbuch, Nr. 255)

Erarbeitung

Geschichte vorlesen: »Nele gibt ihren Senf dazu«

Es war dunkel und grau. Ein kalter Wind pfiff um die Ecken. Nele saß gemütlich in ihrem Blätterhaus und sah nach draußen.

»Mama, im Herbst sieht es immer so aus, als würden alle Pflanzen draußen sterben. Wie kommt es, dass im Frühling immer wieder neue Blumen aus der Erde wachsen? Wo kommen die bloß her?«, fragte Nele ihre Mutter, die gerade eine Mütze für Floris strickte. (Floris hatte nämlich die Angewohnheit, oft seine Mütze zu verlieren und sie nicht wiederzufinden.)

»Tja«, antwortete die Mutter, »das wäre mal wieder eine gute Frage für Elvira. Du hast sie ja auch schon eine ganze Weile nicht mehr besucht. Sie würde sich bestimmt freuen.«

Nele sah missmutig nach draußen. Puh, bei diesem Wetter hatte sie gar keine Lust, einen Spaziergang zu machen. Aber sie wusste, ihre Mutter hatte Recht. Wenn sie es wirklich wissen wollte, musste sie Elvira fragen.

Nele setzte sich ihre Mütze auf und machte sich auf den Weg. Aber so ungemütlich, wie es von drinnen aussah, war es draußen gar nicht. Die Luft war frisch und roch würzig. Nele schaute sich um. Irgendjemand musste gestern durch den Wald gegangen sein und alles in den schönsten Farben angemalt haben. Die Blätter waren gelb, rot, braun und leuchtend orange. Nele konnte sich schon denken, wer das war ...

Endlich hatte sie Elviras Baum erreicht und kletterte vorsichtig am Stamm hoch.

Elviras scharfe Augen hatten sie schon vor einer ganzen Weile erblickt, und sie saß schon gemütlich auf einem tieferen Ast.

»Hallo, Nele! Ich dachte schon, du wärst ausgewandert oder so etwas Ähnliches. Du hast mich ja lange nicht mehr besucht«, sagte die Eule. »T'schuldigung, Elvira«, sagte Nele leise, »aber das Wetter war so mies, da hatte ich keine Lust, aus dem Haus zu gehen.«

»Was hast du denn auf dem Herzen, Nele, wenn du heute den beschwerlichen Weg auf dich nimmst?«, sagte die Eule lächelnd. Sie hatte diese kleine neugierige Schnecke wirklich gern.

»Also, weißt du ...« Nele wusste gar nicht, wo sie anfangen sollte. »Im Herbst scheint sich alles zu verkriechen und im Winter ist es dann ganz kahl und leer. Aber im Frühling explodiert alles vor Leben. Wo kommen die vielen Blumen und Pflanzen dann auf einmal alle her? Weisst du das, Elvira?«

»Lass mich nachdenken, kleine Nele«, antwortete die Eule. »Wenn die Blumen und Pflanzen absterben – und das tun sie wirklich im Herbst –, lassen sie in der Erde Samen zurück. Die Samen schlafen den ganzen Winter über und sammeln Kraft. Im Frühling, wenn es wieder wärmer wird, wachen sie auf und fangen an zu wachsen.«

»Das ist ja toll«, jubelte Nele, »ich habe im Winter immer Angst, dass im Frühling alles so kahl bleibt. Aber das kann dann ja eigentlich gar nicht passieren.«

»Jesus hat mal von einem kleinen Samenkorn erzählt«, begann Elvira.

»Erzähl schon, erzähl schon«, drängelte Nele.

»Das will ich ja, wenn du mich lässt«, sagte Elvira gutmütig. »Ich habe diese Geschichte gehört, als ich noch eine junge Eule war. Es ist schon lange her, aber ich glaube, ich bekomme die Geschichte noch zusammen.

Es war einmal ein Mann, der hatte viele verschiedene Samen. Damit wollte er sein Feld bestellen. Er war nämlich Bauer. Er ging los, um die Samen auf die Erde seines Feldes zu werfen. Als er in seine Hand sah, entdeckte er einen ganz kleinen Samen. ›Was soll schon aus diesem kleinen Samen werden!‹, dachte der Mann und warf ihn einfach weg. Das kleine Samenkorn fiel neben dem Feld auf die Erde.

Der Bauer streute alle anderen Samen auf sein Feld und ging nach Hause. Bald hatte er das kleine Samenkorn vergessen.

Dieser Samen war ein Senfkorn, das ist fast das kleinste Samenkorn der Welt. Aber es wächst und wächst und wächst ...

Der Mann bestellte sein Feld, jätete Unkraut und gab den Pflanzen Wasser. Er war so mit seiner Arbeit beschäftigt, dass er gar nicht merkte, wie neben dem Feld ein herrlich großer Strauch heranwuchs. Der Senfstrauch spendete den anderen Pflanzen Schatten und in seinen Ästen ließen sich die Vögel nieder.

Als es Zeit zu ernten war, kam der Bauer wieder auf sein Feld. ›Was ist das für ein großer Strauch da am Wegesrand?‹, fragte er seinen Nachbarn, der mit ihm gekommen war. Sein Nachbar war ein kluger Mann, er antwortete ihm: ›Es wird wohl ein kleines Senfkorn zwischen deinem Samen gewesen sein. Du hast es fortgeworfen und so wächst der Strauch jetzt neben deinem Feld.‹

Jesus hat diese Geschichte so oder so ähnlich erzählt«, schloss Elvira. »Und dann hat er noch gesagt: ›Das Königreich Gottes ist wie ein Senfkorn. Es kann sehr klein anfangen. Zuerst ist die Liebe Gottes vielleicht nur im Herzen eines einzigen Menschen. Doch wenn er diese Liebe mit anderen teilt, wächst das Königreich und wird riesengroß. Und immer mehr und mehr Menschen wollen zu Gott gehören.‹ Und das ist wirklich eine tolle Sache«, beendete Elvira ihre Geschichte.

Nele hatte aufmerksam zugehört. Sie dachte angestrengt nach. »Sag mal, ist das so wie die Sache mit Selma?«, fragte Nele.

»Erst war nur ein kleines Körnchen in mir, und ich habe überlegt, ob Selma wirklich so blöd ist, wie alle sagen. Dann ist das Körnchen gewachsen und ich habe Mut bekommen, es selbst herauszufinden. Selma ist ziemlich groß und stark, da braucht man schon Mut, um zu ihr zu gehen. Ich wusste ja nicht, was sie tun würde ... Jetzt ist sie meine Freundin«, verkündete Nele stolz.

»Ja, so oder so ähnlich«, schmunzelte Elvira.

Wir säen Kresse. An Material brauchen wir Kressesamen, Watte, kleine Blumentöpfe aus Ton oder flache Schalen. Mit Münzen werden die Löcher der Tontöpfchen verschlossen und dann mit Watte gefüllt. Die Watte so lange gießen, bis sie ganz feucht ist (das macht den Kindern viel Spaß!) und danach eine Lage Kressesamen daraufstreuen. Dann jeden Tag etwas gießen – und schon bald zeigt sich die Kresse. Nach ein paar Tagen kann sie mit der Schere abgeschnitten und aufs Butterbrot gegeben werden. Mmh!

Abschluss

Freies Spielen, danach gemütliches Kaffeetrinken.

Als Lied vor dem Essen kann die 2. Strophe des Liedes »Dank für die Sonne« (Unser Kinderliederbuch, Nr. 29) gesungen werden.

Nach dem Aufräumen verabschieden wir uns voneinander mit einem Abschlusslied.

▶ Thema: **Angst und Vertrauen**
▷ Text: »Nele und das geheimnisvolle Glitzern«
▷ Zielgedanke: Gott ist bei uns

Einstieg

Begrüßungslied

Reim:
»Das ist der Daumen«

Das ist der Daumen,
   (Daumen zeigen)
der schüttelt die Pflaumen,
   (Zeigefinger)
der hebt sie auf,
   (Mittelfinger)
der trägt sie nach Haus,
   (Ringfinger)
und der kleine Schelm isst sie alle auf!
   (kleiner Finger)

oder:

Der ist ins Wasser gefallen,
   (Daumen)
der hat ihn herausgezogen,
   (Zeigefinger)
der hat ihn ins Bett gelegt,
   (Mittelfinger)
der hat ihn zugedeckt,
   (Ringfinger)
und der kleine Schelm da hat ihn wieder aufgeweckt.
   (kleiner Finger)

Mitmachlied:

»Häschen in der Grube«

Häschen in der Grube – saß und schlief, saß und schlief.
Armes Häschen, bist du krank, dass du nicht mehr hüpfen kannst?
  (Kinder liegen auf dem Boden und schlafen)
Häschen, hüpf! Häschen, hüpf! Häschen, hüpf!
  (Kinder stehen auf und hüpfen im Kreis herum)

Häschen in der Grube – nickt und weint.
  (nicken und mit den Händen die Augen reiben)
Doktor, komm geschwind herbei und verschreib ihm Arzenei!
Häschen, schluck! Häschen, schluck! Häschen, schluck!

Häschen in der Grube – hüpft und springt.
  (Kinder hüpfen und springen)
Häschen, bist du schon kuriert? Hui, das rennt und galoppiert!
  (Kinder rennen durch den Raum)
Häschen, hopp! Häschen, hopp! Häschen, hopp!

Ein weiteres Lied,
dass zur Geschichte passt:

»Erst kommt der Sonnenkäferpapa« (s. gegenüberliegende Seite)

»Erst kommt der Sonnenkäferpapa«

Refrain

Erst kommt der Son- nen- kä- fer- pa- pa,
dann kommt die Son- nen- kä- fer- ma- ma. Und hin- ter- drein,
ganz klit- ze- klein, die Son- nen- kä- fer- kin- der- lein. 1. Sie
ha- ben ro- te Röck- chen an mit klei- nen, schwar- zen Pünkt- chen dran.

(Text: überliefert / 3. Strophe: Detlev Jöcker; Musik: Detlev Jöcker, in: »Ich bin der kleine Zappelmann«. Alle Rechte im Menschenkinder Verlag, 48157 Münster)

2. So machen sie den Sonntagsgang
   auf unsrer Gartenbank entlang.
3. Doch abends gehen die Käferlein
   in ihre Käferbetten rein.

Erarbeitung

Geschichte vorlesen:
»Nele und das geheimnisvolle Glitzern«

Es schien ein warmer Tag zu werden. Die Sonne kitzelte das Gras, und es bewegte sich ganz leicht im Sommerwind. Nele war früh aufgestanden, denn es waren Ferien – und Nele wollte den ersten freien Tag richtig feiern. Sie liebte die Schule, man lernte jeden Tag etwas Neues. Aber noch mehr liebte sie Ferien, denn da *erlebte* man jeden Tag etwas Neues. Nele kroch leise auf ihren Lieblingsstein und schaute in den wunderschönen Garten der Familie Flux.

Die Schneckenkinder durften nicht in diesen Garten gehen, denn es war seeehr gefährlich, sagte der Schneckenlehrer, Herr Schnack. Die Menschen mochten Schnecken nicht besonders. Besonders dann nicht, wenn diese sich an ihrem Salat vergriffen. Und Nele liebte Salat ...

Aber was glitzerte denn da hinten so lustig? Neles Neugier war erwacht. Vorsichtig schlich sie in den Garten. Plötzlich kam zum Glitzern auch noch ein köstlicher Duft. Nele schnupperte. Sie kam zum Rand eines bräunlich schimmernden Sees, der diesen wunderbaren Geruch verströmte. Nele schloss die Augen, doch plötzlich wurde ihr ganz komisch zumute. Was war passiert? – Frau Flux hatte eine Schneckenfalle aufgestellt.

Wie geht denn das? Ganz einfach: Es wird ein kleines Schälchen mit Bier in den Garten gestellt. Der Duft des Bieres ist für Schnecken unwiderstehlich. Sie kriechen dem Geruch hinterher und – plumps! – fallen sie hinein. Genauso ging es auch Nele. Au weia! Wollt ihr hören, wie es Nele weiter erging?

»Benni, Benni, guck' mal, was ich gefunden habe!«, rief eine helle Kinderstimme. Die Stimme gehörte zu einem kleinen Jungen mit roten Haaren. Nele hatte sich in ihr Haus zurückgezogen und zitterte vor Angst.

»Mensch, toll, das ist ja eine richtige Weinbergschnecke. So eine habe ich noch nie hier gesehen. Die wird ganz toll in unser altes Aquarium passen.« Die beiden Jungen verschwanden mit der verdutzten Nele in der Hand im Keller des Hauses. Nele lugte vorsichtig aus ihrem Häuschen. »Iiii, das ist ja Sand«, dachte sie erschrocken. Schnecken können Sand nicht besonders leiden, sie lieben eher die Feuchtigkeit. Durch die Glasscheibe des Aquariums starrten sie zwei lustige Jungengesichter an.

Nele streckte ihnen die Zunge heraus. »Denkt bloß nicht, dass ich Angst vor euch habe«, sagte sie laut. Und euren vertrockneten Löwenzahn könnt ihr selber essen, ich will Salat – wenn ich schon eingesperrt bin, dachte Nele kleinlaut. Traurig kroch sie unter ein großes Rhabarberblatt und versteckte sich dort. Den Jungen wurde es bald zu langweilig, weil Nele einfach nicht mehr auftauchte. So gingen sie Fußball spielen.

»Lieber Gott«, betete Nele, »wenn dir irgendwas an kleinen neugierigen Schnecken liegt, dann hilf mir bitte hier heraus!« Mit dem Gedanken an ihr kuscheliges Bett zu Hause und ihre Eltern, die sich bestimmt Sorgen machten, schlief sie ein.

Sie hatte noch nicht lange geschlafen, da klopfte es an die Scheibe ihres Gefängnisses. »Ich glaube nicht, dass das eine Weinbergschnecke ist«, hörte sie eine tiefe Stimme sagen. »Und wenn es eine ist, dann lasst sie wieder laufen, denn sie sind in dieser Gegend sehr selten geworden.« Nele linste aus ihrem Versteck. Sollte Gott persönlich gekommen sein, um sie zu befreien? Sie schaute in das bärtige Gesicht von Dr. Flux, dem Tierarzt. Er war der Vater der beiden Jungen.

Auch wenn es nicht Gott selbst war, der ihr zur Hilfe geeilt war, dieser Mann hatte jedenfalls Recht. Oder hatte sich Gott vielleicht doch in diese Geschichte eingemischt? Während Nele noch eifrig nachdachte, wurde sie hochgehoben und behutsam nach draußen getragen. Dr. Flux setzte sie ganz in der Nähe ihres Lieblingssteines ab. Und wenn er genau hingesehen hätte, dann hätte er den Staub gesehen, den Nele aufwirbelte, als sie wie ein Blitz (natürlich nur für Schneckenverhältnisse) davonstob.

Basteleinheit: Bild aus Naturmaterialien

Material: Blätter, Blumen, Gras (evtl. gepresst), Tannennadeln, Sand, Reis, Körner, hellblaues Tonpapier.

Zuerst den Kleber auf das Blatt streichen, dann Sand, Reis, Körner oder Tannennadeln aufstreuen. Nach kurzer Zeit das Tonpapier abpusten oder abschütteln. Auf diese Grundfläche können nun Blätter, Gras und Blumen geklebt werden.

Abschluss

Freies Spiel, Kaffeetrinken, Aufräumen, Abschlusslied

Der »Eltern-Kind-Kreis« in Kappeln

Zur Gruppensituation

Im Sommer 1995 traf ich mich mit einer Mutter unserer Evangelisch-Freikirchlichen Gemeinde Kappeln (Schleswig-Holstein). Beide hatten wir ein zweijähriges Kind und wollten eine Eltern-Kind-Kreis-Arbeit starten. Der Name sollte bewusst so lauten, damit sich auch Väter angesprochen fühlten (was bisher leider keine Wirkung gezeigt hat). Das damals entwickelte Konzept hat sich aber bewährt und wird bei sogenannten Auswertungsrunden immer wieder so gewünscht. Was mit einer Zeitungsannonce anfing, läuft jetzt gut durch »Mund-zu-Mund-Propaganda«.

Der »Eltern-Kind-Kreis« wird – mit Ausnahme von mir und einer Mitarbeiterin – ausschließlich von gemeindefremden Frauen besucht. Manche Mütter kommen inzwischen mit ihrem zweiten oder dritten Kind; zwei ältere Frauen nehmen mit ihren Tageskindern das Angebot wahr. Die Kinder sind im Alter von 0 bis 4 Jahren. Im Durchschnitt sind wir 6 bis 10 Erwachsene und 8 bis 10 Kinder. Wir treffen uns wöchentlich, immer von 9.30 Uhr bis 11.00 Uhr.

Zielgedanke

Wir möchten uns bewusst von anderen Spielgruppen in unserer Stadt unterscheiden. Eltern und Kinder sollen durch Lieder, Geschichten, kurze Andachten und Gespräche mit Jesus Christus bekannt gemacht werden.

Den Kindern soll der Start in den Kindergarten durch die Gruppenerfahrungen und das Erlernen von Fähigkeiten und Fertigkeiten erleichtert werden.

Natürlich laden wir zu besonderen Höhepunkten in unsere Gemeinde ein, wie zum Beispiel zum Familiengottesdienst, zum Frühstückstreffen für Frauen usw. Wichtig ist uns, dass die Mütter sich mit einbringen können. Ihre Bastelideen, Lieder, Spiele und andere Anregungen sind gefragt.

Die Kostenfrage

Die anfallenden Materialkosten werden gerne bezahlt. Damit aber nicht jedes Mal kleine Geldbeträge eingesammelt werden müssen, haben wir folgende Regelung getroffen: Wer nach ein- bis zweimal »schnuppern« verbindlich dabei sein möchte, bezahlt halbjährlich 10,- DM; einmal nach der Sommerpause und dann nach den Weihnachtsferien. Mit diesem »Finanzmodell« können wir gut alle Unkosten decken. Wenn Mütter selbst eine Basteleinheit anbieten, dann stellen sie zusätzlich kostenlos das Material zur Verfügung, zum Beispiel Salzteig, Tonpapier usw.

Der Ablauf

Die Begrüßungslieder sowie der Ablauf des Vormittages sind immer gleich; das bedeutet für die Kinder eine vertraute Sicherheit.

1) Kinderteil (von 9.30 Uhr bis ca. 10 Uhr):

Nach der Begrüßung von Müttern und Kindern setzen wir uns im Kreis auf den Fußboden. Mütter und Kinder haben jeweils zwei Holzbausteine in der Hand und schlagen den Rhythmus bei dem Lied »Ritsche, ratsche, kommt alle her« (s. S. 44).

»Ritsche, ratsche«

Rit - sche, rat - sche, rit - sche, rat - sche, kommt al - le her.
Rit- sche, rat - sche, rit - sche, rat - sche, dann sind wir noch
mehr. Rit - sche, rat - sche, rit - sche, rat - sche, wir fang' jetzt an.
Rit - sche, rat - sche, rit - sche, rat - sche, je - der singt wie er kann.

(mündlich überliefert)

Danach singen wir das Lied:
»Ja, grüß dich«

Ja, grüß dich! ja, grüß dich! Ja, grüß dich, lie - ber
Si - mon. Ich freu mich, daß du
da bist; und ich weiß, daß Gott dich liebt.

(Text: Adelinde Hofinger, Melodie mündlich überliefert)

oder: Ja, grüß dich, lieber Simon! Ja, grüß dich, liebe Tina!
Ich freu mich, dass du da bist; und ich weiß, dass Gott dich liebt.

Die Handpuppe »Ele« (Plüschelefant) begrüßt jedes Kind mit Namen und »Rüsselschlag«. Dabei geht »Ele« zu jedem Kind und berücksichtigt dessen persönliche Situation, z.B.: »Toll, Malte, dass du wieder gesund bist und hier sein kannst.« – »Schön, Marie, dass du deine Puppe heute mitgebracht hast.« – Wenn eine Mutter das erste Mal dabei ist, werden auch alle Erwachsenen von »Ele« namentlich begrüßt.

Dann folgt das Lied:

»Guten Morgen, ich bin wach«

Gu - ten Mor - gen, gu - ten Mor - gen, ich bin wach! Gu - ten Mor - gen, klei - ner Vo - gel auf dem Dach.

2. Guten Morgen, guten Morgen, Kuscheltier!
   Guten Morgen, lieber Teddy, ich spiel mit dir.

3. Guten Morgen, liebe Mama, komm zu mir!
   Guten Morgen, lieber Papa, spiel mit mir!

4. Guten Morgen, heute gibt es viel zu seh'n.
   Lieber Vater in dem Himmel: danke schön!

(mündlich überliefert)

Anschließend beten wir und sagen Gott Danke für den Vormittag und für jedes einzelne Kind.

Danach folgen Finger- und Bewegungsspiele sowie zwei bis drei Lieder. Die Kinder begleiten Lieder gerne mit Rhythmusinstrumenten, mit Trommeln, Holzbausteinen oder Rasseln aus Glühbirnen.

(Tipp: Kaputte Glühbirnen nicht wegwerfen, sondern mit mehreren Schichten Zeitungspapier, die mit Tapetenkleister eingestrichen sind, bekleben; zum Schluss eine farbige Schicht aus Buntpapier drumherum kleben. Die beklebte Glühbirne ordentlich trocken und hart werden lassen und dann auf einen harten Gegenstand schlagen. Das kaputte Glas in der geklebten, festen Hülle ergibt dann ein schönes Rasselgeräusch.)

Manchmal wird eine kleine Geschichte vorgelesen oder »Ele« erzählt eine Geschichte mit möglichst vielen realistischen Anschauungsmaterialien, wie echten Sonnenblumen, Getreide, Schneckenhäusern, Obst (kann natürlich angefasst und probiert werden) usw.

Nach einem Kreisspiel geht es mit dem Lied: »Tschu, tschu, tschu, die Eisenbahn« weiter:

> »Tschu, tschu, tschu, die Eisenbahn;
> wer will mit zum Basteln fahr'n?
> Alleine reisen mag ich nicht,
> drum nehm ich mir den Jakob mit!«

(Ein Kind geht im Kreis herum, während alle anderen das Lied singen; am Ende des Liedes nennt es den Namen des Kindes, das es mitnehmen möchte. Dieses Kind hängt sich dann an und geht im Kreis mit. Beim nochmaligen Singen wird dann das nächste Kind ausgewählt: »... drum nehm ich mir Christina mit!« – und so weiter.)

So ziehen wir dann alle um in den Nachbarraum. Dort sucht sich jeder einen Platz an den bereitstehenden Tischen. Nun haben alle erst einmal eine Stärkung nötig. Der mitgebrachte Imbiss wird verspeist.

2) *Andachtsteil* (von 10 Uhr bis ca. 10.20 Uhr):

Während des zweiten Frühstücks hören wir Mütter eine kurze Andacht aus dem Andachtsbuch »Überlebensgeschichten für jeden Tag« von Axel Kühner, Aussaat Verlag, Neunkirchen-Vluyn 1996[7]. Dieses Buch hat sich über die gesamte Zeit sehr gut bewährt. Durch die Andachten ergeben sich oft sehr gute, intensive Gespräche. Bevorstehende Feiertage oder Feste sind ebenfalls Andachtsthemen. Dabei erstaunt uns immer wieder, dass Sinn und Ursprung der Feiertage kaum bekannt sind.

3) *Bastelteil* (von 10.20 Uhr bis ca. 10.45 Uhr):

Nun folgt die Basteleinheit, welche natürlich nur von den größeren Kindern angenommen wird. Die Kleinsten spielen oder krabbeln nebenbei. Ihre Mütter basteln aber gerne mit, um die Bastelidee für später zu haben. Das Basteln ist nur sinnvoll, wenn die Kinder so viel wie möglich selbst machen können. Bewährt und beliebt sind Papier-Reißen, Kleben, Tuschen, Malen mit Fingerfarben und Prickeln. Oft gelingt es uns, dass sich durch den Vormittag ein roter Faden zieht. Kinder-, Andachts- und Bastelteil haben dann ein gemeinsames Schwerpunktthema.

Schon nach dem Imbiss können die Kinder frei spielen. Dabei hat sich robustes Spielzeug (wie Holzbausteine, Puzzlespiele aus Holz, Pappbücher usw.) bewährt.

4) *Abschluss* (10.45 Uhr bis ca. 11 Uhr):

Nach dem gemeinsamen Aufräumen des Spielzeugs und der Bastelsachen finden wir uns alle wieder im Kreis ein, um zusammen das Abschlusslied »Auf Wiedersehn, auf Wiedersehn, wir geh'n jetzt alle heim« (Melodie s. Seite 48) zu singen. Dabei winken wir uns kräftig zu.

Auf Wie - der seh'n! Auf Wie - der - seh'n! Wir
geh'n jetzt al - le heim. Doch geh'n wir ja nicht
ganz al - lein, denn Gott wird bei uns sein.

(Text: Doris Braun; Melodie: Ulrike Heitzer)

Besonderheiten

Für Geburtstagskinder wird während des Kinderteils eine Kerze angezündet und wir singen die zweite Strophe des Liedes »Alles Liebe zum Geburtstag« (Melodie s. Seite 49).

Vor Ferien oder Feiertagen wird ausgiebig gefrühstückt. Alle bringen Kuchen, frische Brötchen, Obst oder gesunde Naschereien mit. Während des Kinderteils ist Wunschliedersingen angesagt. Durch das Spiel »Buntes Bällchen, rotes Bällchen, ich fang dich mit der Hand. Springst du auf und nieder, schnell ein Lied genannt« darf das Kind, welches den Ball zugeworfen bekommt, sich ein Lied wünschen. Nach dem gesungenen Wunschlied wird der Ball mit oben genanntem Vers einem anderen Kind zugespielt. – Vor den Sommerferien findet ein besonderes Abschlussfest im Freien statt. Kinder, die nach den Ferien in den Kindergarten kommen, werden hier feierlich verabschiedet.

Inzwischen sind durch diesen Kreis Freundschaften entstanden und das Bedürfnis nach Gemeinschaft außerhalb des Eltern-Kind-Kreises ist gewachsen; zum Beispiel gehen wir ab und zu abends gemütlich essen. Wir sind gespannt auf das, was sich weiterhin durch diesen Kreis entwickeln wird.

Marion Assmann

»Alles Liebe zum Geburtstag«

1. Ein Platz ist schön ge-schmückt, und je-der weiß, wie-so: weil (La - ra)* Ge-burts-tag hat! Fünf Jah - re wird (sie) heut, seht her, wie (sie) sich freut!
2. Wie schön die Ker - ze brennt! Sie soll das Zei - chen sein, daß
3. Ge - schen - ke gibt es auch, denn das ge - hört da - zu, weil
4. „Sie le - be drei mal hoch!" so tönt es laut und froh, weil

Al - les Lie - be, zum Ge - burts - tag, al - les Gu - te wün - schen wir! Daß du da bist, das ist Spit - ze, und wir dan - ken Gott da - für.

*Hier kann natürlich jeder andere Name eingesetzt werden!

(Text: Gertrud Schmalenbach; Melodie: Dirk Schmalenbach)

▶ Thema: **Noah**

▷ Zielgedanke: Gott hat versprochen, sich um mich und um diese Erde zu kümmern

Einstieg

Begrüßungsteil siehe Ablauf/Kinderteil

Lied:

»Er hält die ganze Welt in der Hand«
(Unser Kinderliederbuch, Nr. 251)

Reim:

Pitsch, pitsch, patsch. Durch Regen und durch Matsch.
Und wer hier nicht mehr weiterkann, der zieht sich Gummistiefel an.

> (Den Reim im Stehen sprechen, dabei kräftig mit den Füßen abwechselnd auf den Boden stampfen.)

Mitmachspiel:

Ich schaukel auf dem Wasser,

> (mit Armen und ganzem Körper vor- und zurückschwingen)

mal auf und auch mal ab.

> (dabei Arme hoch und runter, Zehenstand und in die Knie)

Mein Boot, das fährt mich sicher,

> (Oberkörper nach rechts und links mit ausgestreckten Armen schwingen)

der Wind treibt mich nicht ab.

> (mit ausgebreiteten Armen zweimal mit Schwung um sich selbst drehen)

50

Fingerspiel:

Es regnet ohne Unterlass, es regnet ohne End.
  (beide Hände mit zappelnden Fingern langsam von oben
  herabsenken)
Der Regen macht die Füße nass,
  (auf die Füße zeigen)
den Kopf,
  (den Kopf zeigen)
das Kleid,
  (das Kleid zeigen)
die Händ.
  (die ausgestreckten Hände zeigen)

Und gibt es keine Wolken mehr,
  (eine Hand zeigt zum Himmel und beschreibt die Form von
  Wolken)
wird's endlich wieder hell,
  (die Hand kommt wieder herunter)
dann kommt die liebe Sonne her
  (rechte Hand mit gespreizten Fingern hochhalten als Sonne)
und trocknet alles schnell.
  (dreimal klatschen)

Mitmachspiel:

Es wackelt der Turm
bei Regen und Sturm.
Die oberste Spitze fällt ab.

(Mutter ballt die Hand zur Faust und streckt den Daumen nach
oben. Kind umschließt mit seiner Hand den Daumen der Mutter
und streckt ebenfalls den eigenen Daumen nach oben. Je mehr
sich daran beteiligen, desto höher wird der Turm.)

Fingerspiel:

Die beiden Daumen dick und klein,
die stiegen in ein Schiff hinein.
Das Schifflein fuhr hinaus aufs Meer,
das freute unsre Däumchen sehr.

Auf einmal kam der Wind daher
und blies und blies ins weite Meer.
Die Wellen wogten ringsherum
und warfen fast das Schifflein um!

Da ward's den Däumchen bang zumut:
»Ach, lieber Wind, sei doch so gut
und stell das dumme Blasen ein!
Wir fürchten uns so ganz allein!«

Da blies der gute Wind nicht mehr
und schickte Sonnenschein aufs Meer.
Die Däumchen fuhren heim geschwind
und riefen: »Schönen Dank, Herr Wind!«

(Wir legen die Hände so aneinander, dass ein Schiff entsteht und
strecken die Daumen nach oben. Und dann beginnt das Spiel:
Erst fährt das Schiff ruhig geradeaus. Dann kommt Wind auf,
und unser Schiff schaukelt wild auf und nieder sowie nach
rechts und nach links. Als Sonne strecken wir beide Hände mit
gespreizten Fingern hoch. Danach fährt das Schifflein wieder
durch ruhiges Gewässer nach Hause.)

Erarbeitung

Dialog zwischen Ele und einer Mitarbeiterin:

Ele: Oh, seit Tagen regnet es schon; ich kann gar nicht
         draußen spielen.

Marion:	Ja, das ist wirklich schade. – Ele, hast du schon mal einen Regenbogen gesehen?
Ele:	Na klar, in meinem Bilderbuch ist doch einer drin.
Marion:	Ich meine in echt. Denn manchmal kann man, wenn es regnet und gleichzeitig die Sonne scheint, einen Regenbogen am Himmel sehen.
Ele:	Also, in echt hab ich noch keinen gesehen. Nur hier in meinem Buch.
Marion:	Toll, du hast ja das Buch von Noah und der Arche.
Ele:	Ja, kannst du uns diese Geschichte bitte vorlesen! Dann ist mir nicht mehr so langweilig. Bitte!
Marion:	Klar, Ele, das mach ich doch gerne!

Die Mitarbeiterin erzählt die Geschichte von Noah und zeigt dazu Bilder aus dem »Bibelbilderbuch« von Kees de Kort (Deutsche Bibelgesellschaft Stuttgart).

Lieder:

»Noah baute eine Arche sich« (Unser Kinderliederbuch, Nr. 59)

»Wer lässt die Sterne strahlen« (Unser Kinderliederbuch, Nr. 254)

Abschluss

Basteleinheit:

Aus Tonpapier stellen wir ein einfaches Mobile her. Die Schablonen dazu müssen vorbereitet sein (evtl. die Vorlage auf Seite 54 mit dem Fotokopierer vergrößern). Die Kinder können alles ausschneiden und den Regenbogen mit Wachsmalstiften bunt anmalen.

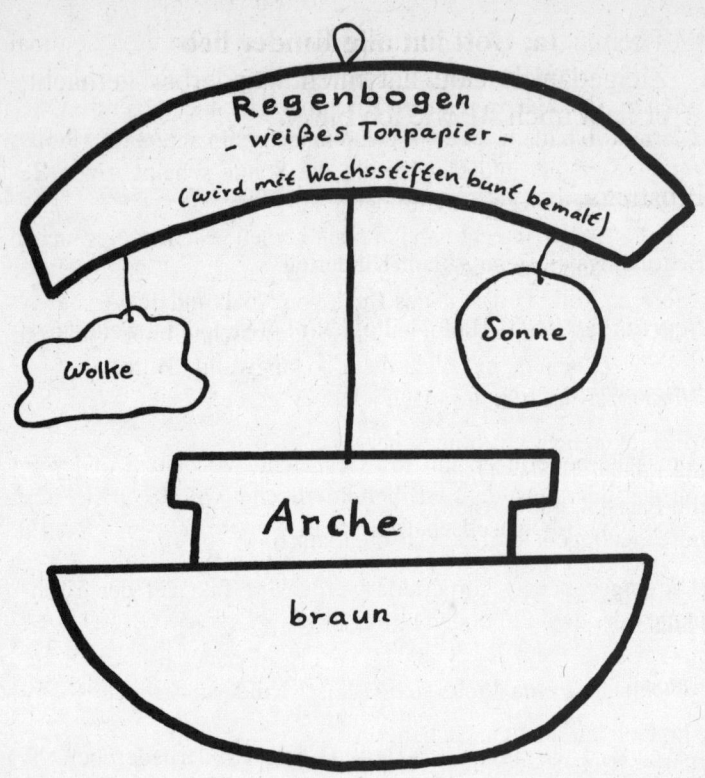

Regenbogen
– weißes Tonpapier –

(wird mit Wachsstiften bunt bemalt)

Wolke

Sonne

Arche

braun

54

▶ Thema: **Ja, Gott hat alle Kinder lieb**

▷ Zielgedanke: Gott hat mich wunderbar gemacht; er liebt mich so, wie ich bin

Einstieg

Begrüßungsteil siehe Ablauf/Kinderteil

Begrüßungslied: »Hallo, hallo, hallo!« (Melodie s. Seite 56)

Fingerspiel:

Mit Fingerchen, mit Fingerchen,
mit flacher, flacher Hand,
mit Fäusten, mit Fäusten,
mit Ellenbogen, klatsch, klatsch, klatsch.

(Die angegebenen Körperteile werden im Takt auf der Tischplatte oder dem Fußboden bewegt.)

Lied:

»Ja, Gott hat alle Kinder lieb«
(Unser Kinderliederbuch, Nr. 198)
   Die verschiedenen Köpfe von Kindern aus diesem Lied haben wir auf A4-Pappen gestaltet und mit Folie überzogen. Bei der jeweiligen Strophe werden sie von den Kindern hochgehalten.

Tipps zur Puppengestaltung:

Eskimo: Kapuzenrand mit Watte bekleben
Afrikaner: schwarze Wolle als Haare aufkleben
Chinese: spitzen Hut aus Tonpapier und einen geflochtenen
           Wollzopf ankleben
Indianer: einen bunten Tonpapierstreifen mit echter Feder am
           Kopf festkleben
Europäer: Wollhaare aufkleben

»Hallo, hallo, hallo!«

Refrain: Hal - lo, hal - lo, hal - lo! Wenn wir uns tref - fen, wer - den wir froh! ___

Hal - lo, hal - lo, hal - lo! Wenn wir uns tref - fen, wer - den wir froh!

1. Du bist ganz an - ders als ich, und trotz - dem freu ich mich! ___

Du bist ganz an - ders als ich und trotz - dem freu ich mich! ___ Refrain:

(Text: Marion Schäl; Melodie: Gilbrecht Schäl; © 1999 Musikverlag Klaus Gerth, Asslar; aus »Boxenstopp«)

2. Schön ist es, dass es dich gibt,
   dass Gott uns beide liebt.
   Schön ist es, dass es dich gibt,
   dass Gott uns beide liebt.

3. Gott dachte sicher an mich,
   und darum schuf er dich!
   Gott dachte sicher an mich,
   und darum schuf er dich!

(bei dem Wort »treffen« mit dem Nachbarn rechte Hand an
rechte Hand schlagen)

Fingerspiel:

Zehn kleine Zappelmänner (siehe »Der Zwergenaufstand«,
Seite 14)

Lied:

Meine Hände sind verschwunden (siehe »Der Zwergenaufstand«, Seite 48)

Erarbeitung

Anspiel: »Ele findet sich schön«

Ele hat heute ein Halstuch um und betrachtet sich im Spiegel.

Ele: Oh, sehe ich nicht schick aus mit meinem neuen Tuch?!
      Ich finde mich richtig schön. Nicht nur wegen dem neuen
      Tuch, sondern auch so.
      Mir gefallen meine großen Ohren und mein langer Rüs-
      sel ...
      Hallo Malte, du bist auch hübsch. Schau doch mal in den
      Spiegel!
      (Ele hält Malte den Spiegel vor das Gesicht.)
      Und Marie, wie schön du aussiehst mit deinen lustigen
      Zöpfen!

Ele: Jan, möchtest du dich auch mal im Spiegel ansehen? Deine Sommersprossen finde ich richtig lustig!
(usw., bis alle Kinder sich im Spiegel betrachtet haben)
Danke, Gott, dass du uns alle so wunderbar gemacht hast. Danke, dass wir gesund sind. Wir haben zwei Augen, zwei Ohren und eine Nase ...
Ach, lasst uns doch gleich mal dieses Lied singen!

Lied:

»Ich habe zwei Augen«   (Text: Ulrike Heitzer; Melodie: Volksweise)

Ich ha - be zwei Au - gen, zwei Oh - ren, ei - ne Na - se. Ich ha - be zwei Hän - de, zwei Fü - ße da - zu. Ich ha - be ei - nen Mund zum La - chen und sa - ge: "Gott hat mich ge - macht; er liebt mich sehr".

Abschluss

Basteleinheit:

Auf einem Pappteller kann jedes Kind mit Bunt- bzw. Tonpapierresten (oder mit Wachsmalstiften oder Fingermalfarben) sein Gesicht gestalten; für die Haare kann man Krepppapier oder Wolle verwenden.

▶ Thema: **Tiere**
▷ Zielgedanke: Gott hat die Tiere geschaffen

Einstieg

Begrüßungsteil siehe Ablauf/Kinderteil

Fingerspiel:

»Katze und Spatz«

Geflogen kommt ein Spatz;
  (die rechte Faust mit dem Handrücken nach oben flach
  auf den Tisch legen, Daumen und Zeigefinger bilden den
  Schnabel)
geschlichen kommt die Katz.
  (die linke, etwas gekrümmte Hand waagerecht von links nach
  rechts langsam über den Tisch ziehen)
Schon hebt sie an zum Springen, will's Spätzlein gleich ver-
schlingen –
  (die Finger der linken Hand etwas heben, die Handwurzel
  bleibt auf dem Tisch)
Da ist in hohem Bogen der Spatz davongeflogen.
  (die rechte Hand schnell heben und auf den Kopf legen)
Er setzt sich auf das Haus und lacht die Katze aus.
  (Daumen und Zeigefinger der rechten Hand öffnen und
  schließen)

Tanzlied:

»Ich bin ein kleiner Tanzbär« (Melodie: s. Seite 60)

(Ein Kind hüpft im Kreis herum und sucht sich ein anderes Kind
zum Tanzen aus. Beide halten sich an den Händen, während sie
eine Fußspitze über die andere setzen. Beide Kinder sind nun
Tanzbären.)

»Ich bin ein kleiner Tanzbär« (mündlich überliefert)

Ich bin ein klei-ner Tanz-bär und
such mir ei-ne Freun-din und

1. kom - me aus dem Wald. Ich
fin - de sie ja

2. bald.

Ei, wir tan-zen ja so fein von
ei - nem auf das and - re Bein.

Lied:

»Alle meine Fingerlein« (mündlich überliefert)

Al - le mei - ne Fin - ger - lein
wol - len lu - sti - ge Tie - re sein.
Die - ser Dau - men ist das Schwein,
dick und fett und ganz al - lein.

2. Zeigefinger ist die bunte Kuh.
   Sie macht immer muh, muh, muh.

Mittelfinger ist das stolze Pferd –
von den Menschen hoch geehrt.

3. Goldfinger ist der Ziegenbock
mit dem langen Zottelrock.
Und das kleine Fingerlein soll mein
liebes Schäfchen sein.

4. Tiere laufen im Galopp;
laufen immer hopp, hopp, hopp.
Laufen in den Stall hinein,
denn es wird bald Abend sein.

5. Hm, hm, hm, hm, hm, hm, hm,
hm, hm, hm, hm, hm, hm, hm.
Laufen in den Stall hinein,
denn es wird bald Abend sein.

(Bei den Strophen 1 bis 3 zeigen wir die jeweiligen Finger.
Wenn dann in Strophe 4 alle im Galopp laufen, machen wir das
mit den Händen nach. Der Anfang von Strophe 5 wird leise ge-
summt, beim zweiten Teil der Strophe werden die Hände zusammen an eine Wange gelegt, um das Schlafen der Tiere anzu-
deuten. Die beiden letzten Zeilen singen wir nur noch ganz leise
wie ein Schlummerlied.)

Fingerspiel:

In unserem Häuschen
sind schrecklich viel Mäuschen.
Sie trippeln und trappeln,
sie zippeln und zappeln,
sie stehlen und naschen,
und willst du sie haschen,
husch – sind sie alle weg.

(Hände zappelnd hin- und herbewegen; bei »husch« Hände
schnell hinter dem Rücken verstecken.)

Tanzspiel:

»Ich heiße August Friedolin«

2. Und meine Frau heißt Wulliwitsch
   und schwimmt im Wasser wie ein Fisch.
   Widi wap, wap, wap ...

3. Wir haben auch noch Kinderlein,
   die wackeln lustig hinterdrein.
   Widi wap, wap, wap ...

4. Wir watscheln an dem Meeresstrand
   und kommen rum im ganzen Land.
   Widi wap, wap, wap ...

(mündlich überliefert; Strophe 3: Gisela Trautwein)

Die Kinder stehen im Kreis und halten sich an den Händen. Ein Kind darf August Friedolin sein, der im Kreis herumgeht wie ein Pinguin.

Bei »Widi wap, wap, wap« klatscht das Kind in der Mitte erst in die Hände und dann auf die Schenkel; am Schluss nochmals in die Hände. Die Kinder im Kreis machen dasselbe.

Bei der 2. Strophe sucht sich der Pinguin eine Frau Schwimmbewegungen machen). Bei der 3. Strophe kommen die Kinder dazu (laufen wackelnd) usw. Bei der 4. Strophe bewegen sich alle als Pinguine.

Fingerspiel:

Eine kleine Fliege summt
auf und ab im Zimmer,
   (der rechte Zeigefinger beschreibt in großen und kleinen
   Bogen den Flugweg der Fliege)
brummt und summt und summt und brummt, hin und her geht's
immer.
Plötzlich sitzt sie still und stumm auf der Blumenvase,
   (die linke aufgestellte Faust ist die Vase, der rechte Zeigefinger setzt sich darauf)
und dann fliegt sie mit Gesumm dir grad auf die Nase!
   (der rechte Zeigefinger tupft auf die Nase des Kindes)

Erarbeitung

Anspiel: »Ele erzählt ...«

Ele: Oh, Kinder, wisst ihr, wo ich am Wochenende war?
   Ratet mal! (lässt die Kinder raten)
   Im Hamburger Zoo! Das war sooo toll!
   Ich habe sooo viele Tiere gesehen!
   Es gibt so viele Tiere. Ich war ganz erstaunt.
   Die Menschen sehen alle gleich aus,
   sie haben auf der Schulter den Kopf,
   zwei Arme und zwei Beine.
   Das ist ja richtig langweilig!

   Aber ich habe Tiere gesehen, die haben gar keine Beine.
   Sie lagen da wie ein zusammengerollter Feuerwehr-
   schlauch. (Schlangen)
   Andere Tiere hatten ganz dünne Beine und waren riesengroß. (Giraffen)
   Manche Tiere hatten ein ganz dickes, breites Maul und
   andere einen langen Schnabel.
   Na, und die Pinguine waren lustig! Wie die watscheln und
   schwimmen können!

Als sie dann von einem Tierpfleger gefüttert wurden, da war was los ...
(Ele kann beliebig weiter schwärmen)

Am Abend, als ich im Bett lag, musste ich Gott erst einmal danken, dass er so viele verschiedene Tiere geschaffen hat. Das hat bestimmt viel Arbeit gemacht!

Lieder, die zur Geschichte passen:

»Ein kleines graues Eselchen« (siehe »Der Zwergenaufstand«, Seite 24)

»Danke, danke für die Tiere« (das »Danke-Lied« aus dem folgenden Stundenentwurf etwas abgewandelt)

»Wär' ich, Herr, ein Schmetterling« (Unser Kinderliederbuch, Nr. 287)

»Bählupp, sagt der kleine freche Frosch im Teich«

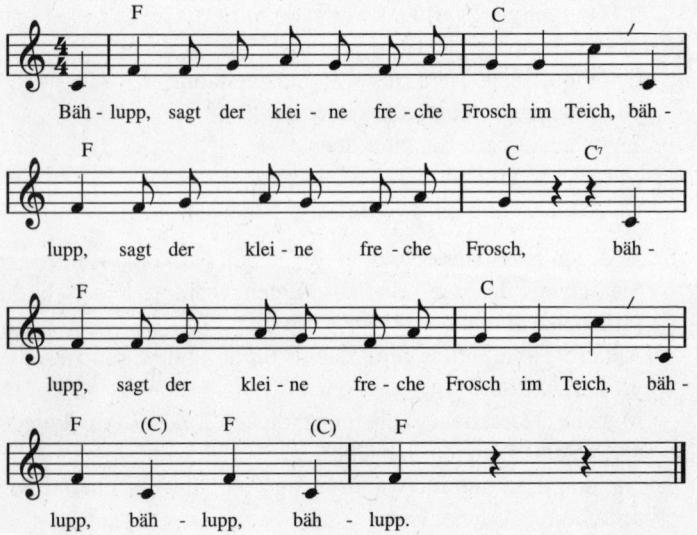

Bäh - lupp, sagt der klei - ne fre - che Frosch im Teich, bäh -
lupp, sagt der klei - ne fre - che Frosch, bäh -
lupp, sagt der klei - ne fre - che Frosch im Teich, bäh -
lupp, bäh - lupp, bäh - lupp.

Auf »Bäh ...« streckt man die Zunge weit heraus. Am Schluss der Strophe wird mit einem Schlürfgeräusch der Mund abgewischt.

Der kleine freche Frosch geht spazieren. Unterwegs trifft er:

einen Elefanten (die Strophe in Elefantengebärde singen: linke Hand hält die Nase zu, die rechte wird vor der linken durchgesteckt und schwingt als Rüssel)
eine Ameise (so leise wie eine kleine Ameise)
eine Kröte (mit den Zeigefingern die Mundwinkel auseinanderziehen)
eine Lerche (betont schön und melodiös singen)

Abschluss

Basteleinheit:

Den Umriss des Elefanten aus Tonpapier ausschneiden. Als Rüssel falten wir eine »Hexentreppe«, die Ohren extra ausschneiden und ankleben; die Augen eventuell herausprickeln.

Lied:

»Ein Elefant auf dem Spinnennetz«

1. Ein E - le-fant, ja, der ba-lan-cier - te auf ei - nem Spinnen-, Spinnen - netz.—
Da rief er froh: „Hur - ra, es hält. Ich ho - le mei - ne Freundin jetzt.“—

(mündlich überliefert)

2. Zwei Elefanten, die balancierten
   auf einem Spinnen-, Spinnennetz.
   Da riefen sie: »Hurra, es hält!
   Wir holen die Larissa jetzt.«

3. Drei Elefanten, die balancierten
   auf einem Spinnen-, Spinnennetz.
   Da riefen sie: »Hurra, es hält!
   Wir holen den Julian jetzt.«

4. Vier Elefanten, die balancierten
   auf einem Spinnen-, Spinnennetz.
   Da riefen sie: »Hurra, es hält!
   Wir holen die Annika jetzt.«

5. Fünf Elefanten, die balancierten
   auf einem Spinnen-, Spinnennetz.
   Da riefen sie: »Hurra, es hält!
   Wir holen uns den Rico jetzt.«

(beliebig viele Strophen – so viele, wie Kinder anwesend sind –
können gesungen werden)

Schlussvers:

Und dann hat die Spinne am Netz gewackelt. Rumpumpeldi-
bumm, war das ein Gekrabbel!

▶ Thema: **Erntedank**
▷ Zielgedanke: Dankbarkeit für Gottes gute Gaben

Einstieg

Begrüßungsteil siehe Ablauf/Kinderteil

Lied:

»Guten Morgen, schwarze Katze«

1. Gu-ten Mor-gen, schwar-ze Kat-ze, hat die Nacht dich schwarz ge-macht? Doch das Schwar-ze wird viel hel-ler, wenn die lie-be Son-ne lacht. Gu-ten Mor-gen, gu-ten Mor-gen, nach ei-nem gu-ten Mor-gen wird's ein schö-ner Tag. gu-ten Mor-gen wird's ein schö-ner Tag.

(Text: Johannes Jourdan; Musik: Hella Heizmann, © Hänssler Verlag, Neuhausen-Stuttgart)

(weitere Strophen s. S. 68)

2. Guten Morgen, Pusteblume,
   brauchst du noch ein bisschen Wind?
   Heute schläft er etwas länger,
   komm, wir wecken ihn geschwind!

3. Guten Morgen, kleiner Vogel.
   Du fängst früh zu singen an.
   Wirst nicht heiser bis zum Abend.
   Wie man das wohl schaffen kann?

4. Guten Morgen, rote Rose.
   Du bist wirklich wunderschön!
   Morgen und auch übermorgen
   möchte ich dich wiedersehn.

Fingerspiel:

Kommt ein kleiner Bub daher, kommt zum Pflaumenbäumchen
   (linker Unterarm bildet den Pflaumenbaum, Finger ausspreizen;
   rechter Zeigefinger ist der Bub, kommt auf das Bäumchen zu)
schaut hinauf und freut sich sehr, sieht die vielen Pfläumchen.
   (obere Zeigefingerkuppe etwas bewegen)
Und er schüttelt, schwapp, schwapp, schwapp, fallen alle Pflaumen ab.
   (rechte Hand schüttelt am linken Arm)
Bübchen liest sie in den Sack,
   (linke Faust bildet den Sack, rechter Zeigefinger tippt dreimal in den Sack)
trägt nach Haus sie huckepack.
   (linke Faust an den rechten Zeigefinger halten; beide Hände
   nach rechts bewegen)

Erarbeitung

Dialog zwischen Ele und einer Mitarbeiterin:

Ein Korb mit verschiedenen Früchten wird in die Mitte gestellt;

Ele will daraus einen besonders schönen Apfel naschen.

Helga: He, Ele! Das geht aber nicht!
Ele: Wieso?
Helga: Na, der Korb ist doch für Sonntag! Für das Erntedank-
   fest!
Ele: Erntedankfest?
Helga: Ja, am Sonntag wird in den Kirchen das Erntedankfest
   gefeiert, auch bei uns. Wir wollen Gott danken, dass er
   uns so gut versorgt. Aber du kannst ja mal schauen, was
   so alles im Korb drin ist.
Ele: O ja! Kinder, helft ihr mir mit?
   Hm, lecker: eine gelbe Birne und Pflaumen ...
Helga: So, nun legt mal alles wieder in den Korb hinein.
   Nachher bekommt jeder einen süßen Apfel.
Ele: Und am Sonntag feiern wir alle Erntedankfest!
   Toll, kommt ihr auch?

Lied:

»Danke, danke«

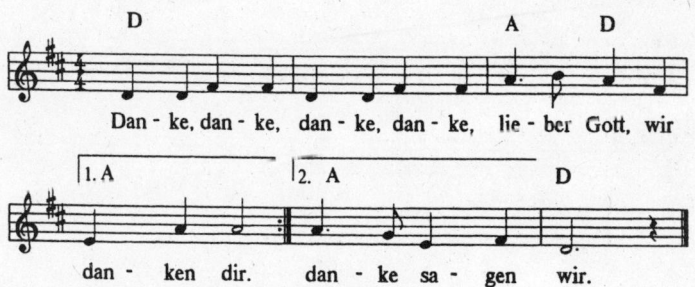

(Text: Ulrike Heitzer; Melodie: Magret Birkenfeld)

Danke, danke für die Ernte, lieber Gott, wir danken dir.
Danke, danke für die Ernte, danke sagen wir.

Fingerspiel:

Klettert hier ein dicker Clown auf den alten Bretterzaun,
(linke Hand und Finger waagerecht ausstrecken, als Zaun
aufstellen; rechte Faust auf den Zaun klettern lassen)
will in fremde Gärten schau'n, wo er könnte Äpfel klau'n.
(rechte Hand etwas hin- und herdrehen)
Doch da gibt er nicht gut Acht, hat 'nen Purzelbaum gemacht
(rechte Faust, Daumen nach unten, auf Tisch oder Schoß fallen lassen, dann Faust flach auflegen)
und der Zaun ist eingekracht. Ei, da wird er ausgelacht!
(linke Hand flach umlegen; dann klatschen.)

Abschluss

Tanzlied:

»Apfelernte«

1. Äp - fel, die am Bau - me sind, wol - len wir heut
pflük - ken! Schüt - telt sie der Ern - te - wind, schüt - telt sie der
Ern - te - wind, müs - sen wir uns bük - ken.

(Text: Erika Engel; Melodie: Gisela Riedel-Hein)

(Die Kinder gehen im Kreis. Auf die Betonungen der ersten vier
Takte ahmen sie das Apfelpflücken nach. Ab »schütteln sie«
beugen sie den Oberkörper abwechselnd nach links und rechts,
ab »müssen wir« gehen sie in gebückter Haltung weiter.)

2. Hängt ein Apfel gar zu hoch, holen wir die Leiter:
   Siehst du wohl, ich krieg' dich doch, klettern wir nur weiter!

(Die Kinder gehen auf Zehenspitzen mit hoch erhobenen Händen. Ab »siehst du« heben sie beim Gehen die Knie an.)

3. Haben wir die Körbe voll mit der süßen Beute,
   Sag', mit wem ich tanzen soll, tanzen voller Freude!

(Die Kinder gehen und klatschen die Benotungsschwerpunkte. Ab »sag', mit wem« sucht sich jedes Kind einen Partner. Die Melodie wird nochmals auf »la« gesungen, die Paare tanzen dazu.)

Basteleinheit:

Früchtekorb aus Tonpapier herstellen. Verschiedene Früchte ausschneiden und in den Korb hineinkleben.

▶ Thema: **Herbst**
▷ Zielgedanke: Gott sorgt für uns

Einstieg

Begrüßungsteil siehe Ablauf/Kinderteil

Sprechspiel: »Ich steige in mein Auto ein«

Ich steige in mein Auto ein
   (Schrittbewegung machen)
und fahre damit ganz allein
   (Lenkbewegung)
in die große Stadt hinein,
   (die rechte Hand ausgestreckt: auf die große Stadt zeigen;
   linkes Bein anheben und etwas nach hinten halten)
um die große Stadt herum.
   (Lenkbewegung, dabei einmal um sich selber drehen)
Macht Platz!
   (mit den Händen seitwärts Platz schaffen)
Tut, tut,
   (mit den Füßen stampfen)
brumm, brumm.
   (in die Hände klatschen)

Lied: »Die Räder am Bus«   (mündlich überliefert)

Die Rä-der am Bus drehn sich rund-her-um, rund-her-um,
rund-her-um. Die Rä-der am Bus drehn sich
rund-her-um, den gan-zen Tag.

(Arme vor den Bauch halten und übereinander drehen)

2. Die Türen am Bus gehen auf und zu ...

   (bei »auf« Arme seitwärts ausstrecken und bei »zu« in die
   Hände klatschen)

3. Die Lichter am Bus gehen an und aus ...

   (bei »an« Arme nach vorne ausstrecken mit gespreizten Fingern; bei »aus« Arme zurückziehen an die Brust und Hände
   zur Faust ballen)

4. Die Koffer im Bus schaukeln hin und her ...

   (mit dem ganzen Körper hin- und herschaukeln)

5. Die Hupe am Bus macht tuut, tuut, tuut, tuut ...

   (beide Hände als Megaphon vor den Mund halten)

6. Die Babys im Bus schreien bäh, bäh, bäh ...

   (Gesicht wie beim Weinen verziehen)

7. Die Mütter im Bus machen psst, psst, psst ...

   (bei »psst« leise singen; den Zeigefinger an den Mund halten)

Lied:

»Der Herbst ist da«   (Volkslied)

Der Herbst, der Herbst, der Herbst ist da! Er bringt uns
Wind, hoi hus-sas-sa! Schüt-telt ab die Blät-ter,
bringt uns Re-gen-wet-ter. Hei, hei, hus-sas-sa, der Herbst ist da.

(weitere Strophen zu diesem Lied s. Seite 74)

2. Der Herbst, der Herbst, der Herbst ist da.
   Er bringt uns Ost, hei hussassa!
   Macht die Blätter bunter, wirft die Äpfel runter.
   Hei, hei hussassa, der Herbst ist da.

3. Der Herbst, der Herbst, der Herbst ist da.
   Er bringt uns Wein, hei, hussassa.
   Nüsse auf den Teller, Birnen in den Keller.
   Hei, hei, hussassa, der Herbst ist da.

4. Der Herbst, der Herbst, der Herbst ist da.
   Er bringt uns Spaß, hei hussassa.
   Rüttelt an den Zweigen, lässt die Drachen steigen.
   Hei, hei, hussassa, der Herbst ist da.

Erarbeitung

Dialog zwischen Ele und einer Mitarbeiterin:

Marion:	Schaut mal, was ich heute mitgebracht habe. Wisst ihr, was das ist?
	(Die Kinder dürfen die Sonnenblume anfassen.)
Ele:	Eine Sonnenblume wächst auch bei uns hinterm Haus. Aber oft sitzen Vögel auf der Sonnenblume und picken daran herum, als ob sie die Sonnenblume kaputtmachen wollen.
Marion:	Nein, Ele, die Vögel machen die Sonnenblume nicht kaputt; sie holen sich nur die Kerne heraus. Die schmecken den Vögeln nämlich sehr gut.
	Hier habe ich ein paar Sonnenblumenkerne. Wenn ihr die Schale abmacht, könnt ihr sie essen.
	(Alle probieren Sonnenblumenkerne.)
Ele:	Hm, die schmecken ja wirklich lecker!

Marion: Ja, das finde ich auch. Gott sorgt doch wirklich gut für alle! Für die Vögel gibt es Sonnenblumenkerne und für uns lässt er Korn wachsen. Daraus können wir Mehl machen, Brot backen und viele andere leckere Sachen.

Ele: Ja, danke, Vater im Himmel, dass du so gut für uns sorgst!

Lieder:

»Ein kleiner Spatz zur Erde fällt«
(Unser Kinderliederbuch, Nr. 82)

»Gottes Liebe ist so wunderbar«
(Unser Kinderliederbuch, Nr. 196)

Tanzlied:

»Im Garten steht ein Blümelein«

Im Gar-ten steht ein Blü-me-lein:
und wen ich hier am lieb-sten hab,
Ver-giß-mein-nicht, Ver-giß-mein-nicht,
dem win-ke ich, dem win-ke ich.

(mündlich überliefert)

(Ein Kind sitzt in der Kreismitte und hebt die Arme über den Kopf, dabei spreizt es die Finger als Blütenblätter. Das Kind winkt einem anderen, um das Spiel fortzusetzen.)

Abschluss

Basteleinheit:

Den Kindern werden die Handflächen mit brauner Fingermal-
farbe angemalt, die Finger mit gelber Farbe. So drucken die
Kinder eine Sonnenblume.

Als *Andacht* für die Mütter
eignet sich zu diesem Thema besonders der Text »Aufblühen
und ausreifen« aus den »Überlebensgeschichten für jeden Tag«,
von A. Kühner.

Fingerspiel: Sonnenblume

Eine große Sonnenblume wächst an unserem Gartenzaun.
Außen hat sie gelbe Blätter, innen ist sie braun.

Kommt ein Vogel angeflogen, diesen plagt der Hunger sehr:
»Sonnenblume, Sonnenblume, gibst du mir ein Körnchen her?«

Die Sonnenblume bückt sich und der Vogel pickt sich Körner
ohne Zahl.
Dann ruft er noch: »Auf Wiedersehen bis zum nächsten Mal!«

(Der Phantasie der »Fingerspieler« beim Erfinden von Bewegungen sind keine Grenzen gesetzt.)

▶ Thema: **Advent**
▷ Zielgedanke: Wir warten auf den Geburtstag von
Jesus Christus

Einstieg

Begrüßungsteil siehe Ablauf/Kinderteil

Lied:

Wir sagen euch an den lieben Advent.
Sehet, die erste Kerze brennt.
Wir sagen euch an eine heilige Zeit.
Machet dem Herrn den Weg bereit.

Freut euch, ihr Christen, freuet euch sehr:
Schon ist nahe der Herr.

(Unser Kinderliederbuch, Nr. 91, 1. Strophe)

Fingerspiel:

»Der Weihnachtsbaum«

Fünf Buben sind zum Markt gelaufen,
um einen Weihnachtsbaum zu kaufen.
Der erste sucht das Bäumchen aus,
der zweite trägt es stolz nach Haus.
Der dritte stellt zu Haus es auf,
der vierte hängt den Schmuck darauf.
Der fünfte steckt die Kerzen dran,
nun, Christkind, komm und zünd sie an!

(Die Finger einer Hand werden alle nacheinander angefasst.)

Lied:

»Hört ihr alle Glocken läuten?«

1. Hört ihr al - le Glok- ken läu - ten? Ding, dong, ding, dong!

Sagt, was soll das nur be - deu - ten? Ding, dong, ding, dong!

In dem Stall in dunk - ler Nacht

ward ein Kind zur Welt ge - bracht.

In dem Stall in dunk - ler Nacht - ding, dong, ding!

(mündlich überliefert)

2. Auf den Feldern bei den Schafen – ding, dong, ding, dong
   sind die Hirten eingeschlafen – ding, dong, ding, dong.
   Doch ein Engel weckt sie dann:
   Lauft zum Stall! Schaut Jesus an!
   Doch ein Engel weckt sie dann – ding, dong, ding!

3. Viele Menschen wollen sehen – ding, dong, ding, dong
   was im Stall dort ist geschehen – ding, dong, ding, dong.
   Hell erstrahlt der Weihnachtsstern:
   Kommt und findet dort den Herrn!
   Hell erstrahlt der Weihnachtsstern – ding, dong, ding!

4. Darum lasst die Glocken läuten – ding, dong, ding, dong!
   Sagt es weiter allen Leuten – ding, dong, ding, dong!
   Gottes Sohn liegt hier im Stall! Sagt es weiter überall!
   Gottes Sohn liegt hier im Stall – ding, dong, ding!

(Die Kinder bekommen kleine Glocken und können bei »ding, dong« damit läuten.)

Erarbeitung

Dialog zwischen Ele und einer Mitarbeiterin:

Helga: (kommt mit einer brennenden Kerze und singt zweimal das folgende Lied:)
»Advent, Advent, Advent, ein Licht im Dunkeln brennt. Es will in diesen Tagen uns allen etwas sagen.«

Ele: He, was will uns das Licht denn sagen?

Helga: Dass wir bald einen Geburtstag feiern!
(Mitarbeiterin zündet mit ihrer Kerze das erste Licht am Adventskranz an)

Ele: Meinst du etwa meinen Geburtstag im Januar?

Helga: Nein, Ele, deinen Geburtstag meine ich nicht.

Ele: Oh, schade! Aber wer hat denn dann Geburtstag?

Helga: Jesus Christus! Und zwar genau zu Weihnachten.

Ele: Weihnachten? Wo es immer so viele Geschenke gibt?

Helga: Ja, Ele. Gott hat uns Menschen so sehr lieb, dass er uns seinen Sohn Jesus als Freund geschenkt hat. Als kleines Baby kam er Weihnachten auf die Welt. Und darum feiern wir jedes Jahr zu Weihnachten den Geburtstag von Jesus Christus.

79

Ele: In deinem Lied hast du etwas von Advent gesungen –
ist das auch Weihnachten?

Helga: Nein, Ele, Advent ist nicht Weihnachten. Advent ist die
Zeit vor Weihnachten. Wir warten auf Weihnachten.
Schau mal, Ele, auf dem Adventskranz habe ich heute
die erste Kerze angezündet. Jede Woche zünden wir
eine weitere Kerze an. Wenn alle vier Kerzen brennen,
ist Weihnachten.

Ele: Und dann feiern wir den Geburtstag von Jesus Christus!
Oh, ich freue mich schon sehr darauf!

Helga: Ich auch, Ele. Lasst uns gleich mal die erste Strophe von
dem Lied singen »Vier Kerzen auf dem grünen Kranz«!

Lied:
»Vier Kerzen auf dem grünen Kranz«   (mündlich überliefert)

1. Vier Ker - zen auf dem grü - nen Kranz, es ist Ad -
vent. Die er - ste Ker - ze auf dem Kranz, se - het sie
brennt. Wir freu - en uns auf Weih - nach - ten, das
ist das schön - ste Fest. Weil Je - sus da Ge -
burts - tag hat, zu uns ge - kom - men ist.

2. Vier Kerzen auf dem grünen Kranz.
   Es ist Advent.
   Die zweite Kerze auf dem Kranz – sehet, sie brennt.
   Wir freuen uns ...

3. Vier Kerzen auf dem grünen Kranz:
   Es ist Advent!
   Die dritte Kerze auf dem Kranz – sehet, sie brennt.
   Wir freuen uns ...

4. Vier Kerzen auf dem grünen Kranz:
   Es ist Advent!
   Die vierte Kerze auf dem Kranz – sehet, sie brennt.
   Wir freuen uns ...

Helga: Unsere Geburtstage bereiten wir gut vor. Genauso bereiten wir uns auch auf den Geburtstag von Jesus Christus vor. Wir backen viele leckere Weihnachtskekse. In der Küche sieht es manchmal aus wie in einer Bäckerei ...

Hier kann man das bekannte Lied »In der Weihnachtsbäckerei« von Rolf Zuckowski von Kassette/CD-Player vorspielen oder selbst singen.

Abschluss

Basteleinheit:

Eine einfache Haushaltskerze wird mit Knetwachs beklebt. Dazu kleine Kugeln aus andersfarbigem Wachs rollen und an die Kerze drücken. Oder ein leeres Marmeladen- bzw. Honigglas mit bunten Transparentpapier-Schnipseln bekleben. (Der Kleber wird aus einem Esslöffel Tapetenkleister und einem viertel Liter Wasser vorbereitet.) Man erhält ein schönes buntes Windlicht.

- ▶ Thema: **Winter**
- ▷ Zielgedanke: Wie gut, dass es Freunde gibt

Einstieg

Begrüßungsteil siehe Ablauf/Kinderteil

Lied:

»Hampelmann«

1. Jetzt steigt Hampelmann, jetzt steigt Hampelmann
   aus seinem Bett heraus.

Refrain: Oh, du mein Hampelmann,
   mein Hampelmann, mein Hampelmann,
   oh, du mein Hampelmann, mein Hampelmann bist du.

2. Jetzt zieht Hampelmann, jetzt zieht Hampelmann
   sich seinen Pulli an.

(Weitere Strophen kann man selbst erfinden. Die Kinder spielen die Bewegungen des Liedes nach. Beim Refrain hüpfen die Kinder wie ein Hampelmann und bewegen die Arme und Beine dazu.)

Fingerspiel:

»Der Schneemann und die Schneefrau«

Der Schneemann
   (linke Faust auf den Tisch schlagen)
und die Schneefrau,
   (rechte Faust auf den Tisch schlagen)
die stehn an ihrem Platz.

Doch wenn ganz warm die Sonne scheint,
zerfließen sie zu Matsch!
   (das Wort »Matsch« laut sprechen und die Hände flach auf
   den Tisch klatschen)
Der Schneemann
   (linke Faust auf den Tisch schlagen)
und die Schneefrau,
   (rechte Faust auf den Tisch schlagen)
die machen einen Schwatz.
   (beide Daumen aufeinander zustrecken)
Doch wenn dann noch der Regen fließt,
ist's aus mit ihnen, klatsch!
   (bei »klatsch« laut rufen und die Hände zusammenklatschen)

Fingerspiel:

»Fünf Finger an der Hand«

Fünf Finger sitzen dicht an dicht,
sie wärmen sich und frieren nicht.
Der erste sagt: Ich muss jetzt gehn.
Der zweite sagt: Auf Wiedersehn!
Der dritte hält's auch nicht mehr aus,
der vierte läuft zur Tür hinaus,
der fünfte ruft: He, ihr, ich frier!
Da wärmen ihn die andern vier.

Erarbeitung

Anspiel: »Ele erzählt ...«

Ele: Hallo, Kinder!
   Habt ihr gestern auch so schön im Schnee gespielt? Oder
   seid ihr gerodelt?
   (Ele lässt die Kinder erzählen ...)

Ele: Ich habe gestern auf dem Hof einen Schneemann gebaut.
Erst habe ich eine große Kugel gerollt, dann eine kleine Kugel.
Und dann habe ich eine ganz kleine Kugel als Kopf gerollt.
Von meiner Mama habe ich eine Mohrrübe bekommen und einen alten Topf.
Die Mohrrübe ist die Nase geworden. Der Topf ist der Hut.
Zwei kleine Steine sind die Augen.
Und dann habe ich meinem Schneemann noch einen Besen in die Seite gesteckt.
Nun sieht er richtig toll aus!
Als ich fertig war, wollte ich natürlich mit meinem Schneemann spielen,
am liebsten Fangen oder Schneeballweitwerfen.
Aber mein Schneemann hat nicht mitgemacht.
Der hat sich nicht ein bisschen vom Fleck gerührt.
Er wollte auch nicht mit mir nach Hause kommen.
Der hat auch gar nicht mit mir gesprochen.
–
Wisst ihr, ich bin sooo froh, dass es euch gibt!
Gott hat mir viele Freunde geschenkt, mit denen ich toll spielen kann.
Wir sprechen zusammen, spielen, singen und lachen.
Toll, dass es euch alle gibt!

Lied:

»Danke für die vielen (guten) Freunde. Lieber Gott, wir danken dir.«

(nach der Melodie des Danke-Liedes beim Thema »Erntedank«, s. Seite 69)

Tanzspiel:

»Im Garten steht ein Schneemann«

(zu singen nach der Melodie: »Ein Männlein steht im Walde«)

Im Garten steht ein Schneemann im weißen Rock.
Der winket uns schon lange mit seinem Stock.
Schneemann, Schneemann, schau nur her,
wir singen und wir lachen sehr.
Wir tanzen vor Vergnügen im Kreis umher.
Wir tanzen vor Vergnügen im Kreis umher.

(Ein Kind ist der Schneemann. Es steht in der Kreismitte.
Die anderen Kinder tanzen um es herum und fassen sich dabei
an den Händen.)

Da scheint die liebe Sonne vom Himmel warm.
Dem Schneemann fällt vor Schrecken der Stock aus dem Arm.
Da, auf einmal, o wie dumm,
da kippt der ganze Schneemann um.
Wir tanzen vor Vergnügen im Kreis herum.
Wir tanzen vor Vergnügen im Kreis herum.

(Die Kinder machen die Bewegungen mit, wie sie im Text
beschrieben werden.)

Abschluss

Basteleinheit:

Weiße Farbe auf einen Korken malen; dann mit dem Korken auf
schwarzem Tonpapier einen Schneemann drucken.

Lied:

»Schneeflöckchen, Weißröckchen«

Tanzlied:

»Schnee, Schnee«

Schnee, Schnee, weiß und schön, hei, wie sich die Flok-ken drehn.

Sit-zen auf dem Gar-ten-zaun, das ist lu-stig an-zu-schaun.

(Text: Ursula Puschek; Melodiefassung: Gertraude Wilhelm)

(Die Kinder stehen im offenen Kreis und drehen sich im 3. und 4. Takt einmal am Ort um sich selbst. Im 5. Takt hocken sie nieder und klatschen im Gleichmaß bis Spielende.)

▶ Thema: **Frühling**

▷ Zielgedanke: Gott macht die Jahreszeiten; er lässt im Frühling alles wieder wachsen

Einstieg

Begrüßungsteil siehe Ablauf/Kinderteil

Mitmachlied:

»Alle Kinder geben sich die Hände«

(Text mündlich überliefert)

1. Alle Kinder geben sich die Hände,
   alle Kinder spielen nun ein Spiel,
   hüpfen, trampeln, bis die Wände wackeln,
   fest, so fest, wie jeder es gern will.

2. Alle Kinder sitzen auf der Erde,
   alle Kinder wippen hin und her,
   klatschen dabei fröhlich in die Hände,
   klatschen, klatschen, klatschen immer mehr.

3. Alle Kinder heben jetzt die Arme,
   alle Kinder werden riesengroß,
   recken, strecken sich hoch bis zum Himmel,
   und dann gibt der Wind euch einen Stoß.

4. Alle Kinder laufen nun im Kreise,
   alle Kinder springen rundherum,
   nun duckt jedes sich ganz klein zusammen,
   und dann fallen alle Kinder um.

(zu singen nach der Melodie »Grün, ja, grün sind alle meine Kleider«; die Kinder machen die angegebenen Bewegungen mit)

Fingerspiel:

»Rückkehr der Vögel«

Wenn die Pflanzen gerade grün,
wenn die ersten Blüten blühn,
kommen übers Land und Meer,
   (mit der rechten Hand weite Bewegung machen)
viele Vögel her.
   (mit den Armen schwingen)

Storch und Wildgans, der Pirol,
   (dabei mit Fingern aufzählen: Daumen, Zeigefinger und
   Mittelfinger)
jeder weiß, wohin er soll.
Storch, bleib doch an unserm Ort
   (mit dem Zeigefinger heranwinken)
und flieg nie mehr fort.
   (mit den Armen schwingen)
Kinder freu'n sich laut: Hurra!
   (bei »Hurra« laut rufen und Arme in die Luft werfen)
Endlich ist der Frühling da!
   (klatschen)

Lied:

»Summ, summ, summ«
(Volksweise)

Summ, summ, summ, Bienchen, summ herum!
Ei, wir tun dir nichts zuleide,
flieg nur aus in Wald und Heide!
Summ, summ, summ, Bienchen, summ herum!

Summ, summ, summ, Bienchen, summ herum!
Such in Blumen, such in Blümchen
dir ein Tröpfchen, dir ein Krümchen!
Summ, summ, summ, Bienchen, summ herum!

Summ, summ, summ, Bienchen, summ herum!
Kehre heim mit reicher Habe,
bau uns manche volle Wabe!
Summ, summ, summ, Bienchen, summ herum!

Fingerspiel:

Meine Hände sind ein Haus,
 (beide Hände flach aneinander legen und etwas öffnen)
Vöglein fliegen ein und aus.
 (mit den Armen schwingen)
Bauen rund und schön und fest unterm Dach sich jetzt ein Nest.
 (beide Hände flach nebeneinander halten, etwas krümmen
 und ein Nest andeuten)
Legen Eierlein hinein,
 (mit Daumen in das Nest tippen)
brüten dann ganz still und fein
 (leise sprechen, dabei Zeigefinger vor den Mund halten)
viele Vogelkinder aus – schaut, sie gucken schon heraus!
 (Zeigefinger bewegen)
Wenn die Vöglein größer sind
 (Arme hoch halten)
fliegen fort sie mit dem Wind.
 (klatschen)

Erarbeitung

Dialog zwischen Ele und einer Mitarbeiterin:

Marion: Kinder, habt ihr es auch schon bemerkt, dass man
   draußen wieder Vogelgezwitscher hören kann?
Ele: (kommt von der anderen Seite): Hallo, guckt mal, was
   ich in meinem Garten gefunden habe!
   (Ele hält einen kleinen Strauß mit Frühlingsblumen
   hoch)

Marion: Oh, das sind ja lauter Frühlingsblüher!

Ele: Nee, das sind Blumen!

Marion: Ja, Ele, das stimmt schon. Aber alle Blumen, die im Frühling zuerst blühen, nennt man Frühlingsblüher. Zeig mal, was du alles gefunden hast.

Ele: Ich kenne nur diesen hier, den Krokus.

Marion: Und das hier ist ein Märzenbecher ...
(zeigt den Kindern die Blumen und lässt sie daran riechen)
Gott hat das schon toll gemacht, dass nach dem kalten Winter im Frühling wieder alles zu blühen anfängt: die Blumen, die Bäume und viele andere Pflanzen.
Und im Frühling fangen auch die Vögel wieder so schön zu singen an. Ich finde das toll!

Ele: Ja, Gott hat immer so gute Ideen.
Im Winter können sich die Pflanzen und Tiere ausruhen, und im Frühling machen sie uns wieder froh.

Marion: Dafür wollen wir Gott jetzt ein Danklied singen:

Lied:

»Danke für den Frühling«

1. Danke, danke, für den Frühling,
   lieber Gott, wir danken dir.
   Danke, danke, für den Frühling. Danke sagen wir.

2. Danke für die Frühlingsblumen,
   lieber Gott, wir danken dir.
   Danke für die Frühlingsblumen. Danke sagen wir.

3. Danke für das Vogelzwitschern,
   lieber Gott, wir danken dir.
   Danke für das Vogelzwitschern. Danke sagen wir.

(nach der Melodie des Danke-Liedes beim Thema »Erntedank«, s. Seite 69)

Fingerspiel: »Die Knospe«

Schaut ein Knöspchen aus der Erde, ob es nicht bald Frühling werde,
  (linke Hand als Erde waagerecht halten, Handrücken nach oben; rechten Zeigefinger nur wenig zwischen dem Zeige- und Mittelfinger der linken Hand von unten durchstecken)
wächst und wächst ein ganzes Stück.
  (den rechten Zeigefinger langsam etwas höher schieben)
Sonne warm am Himmel scheint,
  (rechte Hand mit gespreizten Fingern senkrecht hochhalten)
Regen überm Knöspchen weint,
  (beide Hände heben und langsam senken, während die Finger zappeln)
Knöspchen wird bald grün und dick.
  (alle Finger der rechten Hand einschließlich Daumen mit den Kuppen zusammenlegen, Kuppen nach oben gerichtet)
Seine Blätter öffnet's dann,
  (die Finger langsam öffnen)
fröhlich fängt's zu blühen an. Frühling ist es, welch ein Glück!
  (die Hand langsam in dieser Haltung drehen)

Lied:

»Im Frühling, im Frühling« (Bewegungen dazu Seite 92)

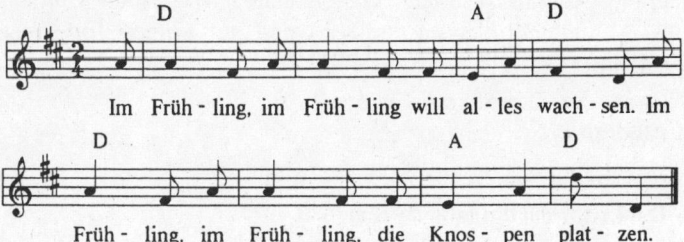

Im Früh - ling, im Früh - ling will al - les wach - sen. Im

Früh - ling, im Früh - ling, die Knos - pen plat - zen.

(Text und Melodie: Cari Mac Farlane)

2. Im Frühling, im Frühling will alles wachsen.
   Im Frühling, im Frühling die Samen platzen.

Bewegungen zu dem Lied »Im Frühling, im Frühling (von S. 91):

Handflächen vor der Brust aneinanderlegen und langsam nach oben bewegen, bei »platzen« Arme schwungvoll über den Kopf auseinander strecken.

Abschluss

Tanzlied:

»Es tönen die Lieder«
(Volksweise)

Es tönen die Lieder, der Frühling kehrt wieder,
es spielet der Hirte auf seiner Schalmei:
La la la la la la la la la, la la la la la la la.

Anleitung: Die Kinder bilden einen inneren Kreis, die Mütter einen äußeren Kreis. Beide Kreise gehen im Rhythmus des Liedes. Bei »La la la« nimmt jede Mutter ihr Kind und tanzt mit ihm. Bei der Wiederholung wechselt die Tanzrichtung.

Basteleinheit:

Tonblumentöpfe anmalen, Erde hineinfüllen und eine vorgekeimte Zwiebel hineinpflanzen. Oder eine »Blumenwiese« herstellen: Aus Illustrierten (Gartenkatalogen) werden Blumen ausgeschnitten (oder ausgerissen) und auf grünes Tonpapier geklebt.

Fingerspiel:

Wir säen die Samen, die Samen so fein,
wir säen sie sacht in die Erde hinein.
Wir decken sie zu, sie schlummern in Ruh.

Bald schaut nur ein Spitzchen empor durch die Ritzchen.
Die Pflänzlein, sie sprießen, wir wollen sie gießen
und wenn wir schön warten, blüht alles im Garten.

Der »Mini-Club« Melsungen

Zur Gruppensituation

Vor fünf Jahren starteten wir unseren Mini-Club in Melsungen, um unseren eigenen und anderen Vorkindergartenkindern spielerisch von Gott weiterzuerzählen und um das Miteinander von Kindern und Müttern (manchmal auch Vätern oder Großmüttern) zu fördern. Das Durchschnittsalter der Kinder lag zu diesem Zeitpunkt zwischen 3 und 4 Jahren. Die Kinder waren bereits in der Lage, einfachen Puppenspiel-Geschichten zu folgen; beim Basteln folgten wir der Devise »Hilf mir, es selbst zu tun« und boten Dinge an, bei denen die Mütter nur Hilfestellung geben mussten.

Bedingt duch die gesetzliche Regelung, die jedem Kind ab dem 3. Geburtstag einen Kindergartenplatz gewährt, hat sich unsere Gruppensituation verändert. Das Durchschnittsalter der Kinder hat sich um ca. 1 Jahr gesenkt. Vieles muss seitdem einfacher gestaltet werden. Unsere »Minis« können sich nur ca. 5 Minuten konzentrieren und haben teilweise Angst vor dem Puppentheater, mit dem wir sehr gern gearbeitet haben. Flexibilität ist angesagt. Bewegungslieder werden zaghaft gelernt und müssen mehrmals wiederholt werden. Doch wir haben gelernt: Weniger kann mehr sein! Den Kindern kommen die Wiederholungen selten langweilig vor, sie empfinden sie eher als Rituale, die Geborgenheit schenken.

Wir treffen uns 14-tägig am Vormittag für eineinhalb Stunden. Zur Begrüßung singen wir einfache Lieder, oft auch mit Bewegungen. Dabei sitzen wir im Kreis. Kleine Spiele locken auch die Kleinsten vom Schoß der Mutter. Anschließend haben wir einen Geschichtenteil, der sehr unterschiedlich gestaltet sein kann, je nach Situation und (Un-)Ruhe in der Gruppe. Zum Schluss gibt es für die Kinder die Möglichkeit zum freien Spiel und für die Mütter Zeit zum Gespräch.

Monika und ich haben beide keine Kinder mehr im Mini-Club-Alter; das erleichtert uns das Gestalten der Stunde, aber die Kontakte zu Kindern und Müttern, die sich sonst natürlich ergaben, entfallen weitgehend. Deshalb ist der Gesprächsblock für uns sehr wertvoll geworden. Dort kommen wir mit den Frauen über Alltägliches, aber auch über ihre Fragen und Probleme ins Gespräch.

Wir haben erfreulicherweise keine Nachwuchsprobleme. Der Mini-Club wirbt durch Mund-zu-Mund-Propaganda für sich, und wir sind ca. 10 bis 15 regelmäßige Teilnehmer. Nach der Sommerpause laden wir jeweils alle uns bekannten Kinder persönlich neu ein. Wir tun dies mit einem kindgerechten Brief, den wir kreativ gestalten (Teddy-Bär mit Luftballonohren, Elefant mit Rüsselöffnung für den Zeigefinger oder einfach lustiges Geschenkpapier als Deckblatt). Diese Einladungen werden immer sehr positiv aufgenommen.

Auch kleine Kinder lieben es, etwas selbst zu machen. Tolle Erfolge hatten wir mit Zuckerkreide, mit der selbst die Kleinsten weich malen können. Dazu muss man farbige Tafelkreide etwa 1/2 Stunde in Zuckerwasser legen. Sie saugt das Wasser auf, ohne ihre feste Form zu verlieren, malt mit weichem Strich und trocknet schnell. Außerdem wird die Leuchtkraft der Farben noch verstärkt. Für ca. 6 Stück farbige Kreide (in kleinere Stücke gebrochen) braucht man 1/2 Liter Wasser und 4 Esslöffel Zucker (das Zuckerwasser umrühren, bevor die Kreide in die Schüssel gelegt wird). Nach einer halben Stunde wird das Wasser abgegossen. Kreide, die gerade nicht benötigt wird, sollte man wieder in die Schüssel zurücklegen. In einem luftdicht abgeschlossenen Gefäß hält sie sich bis zu zwei Wochen.

Großen Spaß macht den Kindern auch das Anfertigen von Schnipselbildern: Schnipsel (Seidenpapier, Transparentpapier oder Japanseide) können auf transparente Buchfolie (selbstklebend) gegeben werden. Mit einer zweiten Folie wird das Kunstwerk abgedeckt und kann dann z.B. als Kreis, Stern oder Mond von den Müttern ausgeschnitten werden. Besonders schön wirkt es als Fensterbild.

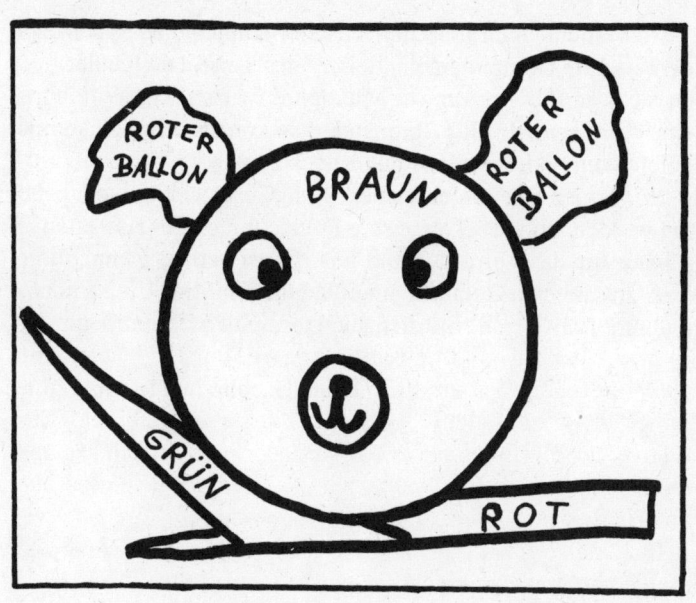

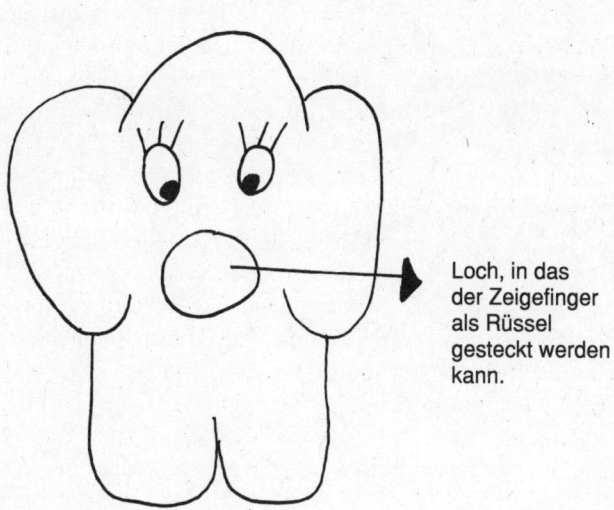

Loch, in das der Zeigefinger als Rüssel gesteckt werden kann.

Zu Geburtstagen gratuliert unsere Stabpuppe Max den Kindern und sie bekommen ein kleines Geschenk. Die Kinder freuen sich, an diesem Tag im Mittelpunkt zu stehen. Wir führen eine Adressenliste aller Teilnehmer; so können wir einander per Telefonkette oder per Post gut erreichen.

Wir freuen uns immer wieder, wenn Geschwisterkinder geboren werden, und drücken unsere Freude mit einem Kassettengeschenk für das »große« Kind aus. Es ist schön, wenn Mütter trotz zusätzlicher Belastung den Weg in den Mini-Club finden – und ihre Babys sind natürlich auch jederzeit willkommen!

Beate Gaebler und Monika Ittner

▶ Thema: **Danke, Gott, für das Brot**
▷ Zielgedanke: Gott lässt das Korn wachsen, damit wir Brot haben

Einstieg

Phase des Ankommens,
Warmwerdens, Kennenlernens

Begrüßungslied:

»Schön, dass du da bist«

Begrüßungsspiel:

»Ich schicke die Lisa (Handpuppe) zu ...«

Die Kinder sitzen auf dem Schoß ihrer Mütter und unsere Handpuppe Lisa wird im Stuhlkreis auf die Reise geschickt. Mit den Worten »Ich schicke die Lisa mit dem Auto (oder anderen Bewegungsmitteln, z.B. Fahrrad, Flugzeug ...) zu Antonia und ihrer Mama Ute (jeweilige Namen einsetzen)« wird die Puppe im Kreis weitergegeben. Dabei wird von allen die Bewegung des Fahrzeugs mitgemacht. Ist die Puppe am Ziel, rufen alle: »Angekommen!« und das betreffende Kind (mit Mama) schickt die Puppe erneut zu jemandem auf die Reise.

Lied:

»Guten Morgen, liebe ... (Namen nennen), schläfst du noch? Hörst du nicht die Glocken? Ding dong.«

Das Lied wird nach der Melodie von »Bruder Jakob« für jedes einzelne Kind gesungen. Dabei darf das betreffende Kind mit unserer kleinen Glocke läuten und sie dann an das nächste Kind weitergeben.

Erarbeitung

Impulsgespräch:

Das mitgebrachte Brot auspacken
und jedes Kind probieren lassen.

»Hmmh, schmeckt das aber gut! Ich möchte
gerne wissen, woher das gute Brot kommt?
Wisst ihr das vielleicht?«
    (vom Bäcker – Mitarbeiterin zeigt ein Bild vom Bäcker)
»Aber was braucht der Bäcker zum Brotbacken?«
    (Mehl – Mitarbeiterin zeigt etwas Mehl)
»Und woher kommt sein Mehl?«
    (aus Getreidekörnern, die klein gemahlen werden – Mitarbei-
    terin zeigt Getreidekörner)
»Weiß einer von euch, wo man die Getreidekörner finden
kann?«
    (Mitarbeiterin zeigt Getreideähren)
»Ja, sie wachsen an Getreidehalmen auf einem Feld. Im Früh-
ling sät der Bauer die Körner auf sein Feld. Und wenn es ein gutes Jahr war mit genügend Regen, Wind und Sonne, dann sind
im Spätsommer aus den kleinen Körnern (zeigen) solche Getrei-
dehalme (zeigen) geworden, die der Bauer erntet, der Müller zu
Mehl mahlt und der Bäcker zu Brot backt.«

Wir wollen heute ein *Lied* lernen, in dem das genau erklärt
wird:

»Wie kommt das Brot auf unsern Tisch« (Melodie s. Seite 99)

(Text und Melodie: Margret Birkenfeld, © 1982 Musikverlag Klaus Gerth,
Asslar)

(zunächst nur die Strophen 1-4 singen)

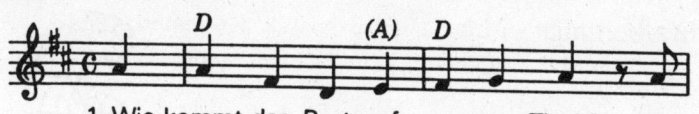

1. Wie kommt das Brot auf un-sern Tisch? Es

schmeckt so gut, macht satt und frisch. Wo kommt das

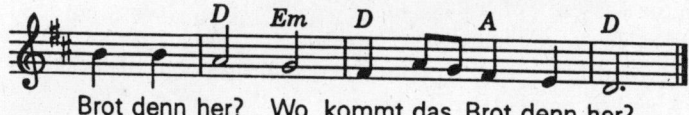

Brot denn her? Wo kommt das Brot denn her?

2. Die Mutter kauft's beim Bäcker ein,
   der backte es aus Mehl so fein.
   Wo kommt das Mehl denn her?
   Wo kommt das Mehl denn her?

3. Die Mühlenräder drehen sich schnell,
   der Müller mahlt aus Korn das Mehl.
   Wo kommt das Korn denn her?
   Wo kommt das Korn denn her?

4. Der Bauer hat das Korn gesät,
   es wächst und reift und wird gemäht.
   Wo kommt das Wachsen her?
   Wo kommt das Wachsen her?

Kurzdialog mit Handpuppe Lisa:

Lisa: Oh, das ist aber ein Lied mit einer schwierigen Frage!
Monika: Wieso? Was ist denn schwierig daran?
Lisa: Na, das Kind in dem Lied fragt doch, wo das Wachsen
          herkommt. Das weiß ich auch nicht!
Monika: Ach so, du warst vorhin noch nicht da, als wir darüber
          gesprochen haben! Die Kinder hier wissen das jetzt. –

Monika: Wollt ihr Lisa sagen, wo das Wachsen herkommt?
(Reaktion und Antworten der Kinder abwarten und aufgreifen.)
Ja, dass die Getreidepflanzen immer genug Sonne und Regen haben, das macht Gott. Von Gott kommt das Wachsen. Und weißt du was: Das Kind, das diese schwere Frage in dem Lied stellt, das gibt auch die Antwort darauf. Im nächsten Vers singt es nämlich schon: »Das Wachsen, das schenkt Gott allein ...« Diese beiden Verse singen wir jetzt noch gemeinsam:

5. Das Wachsen, das schenkt Gott allein,
   gibt Sonne, Regen, Wind darein.
   Da kommt das Wachsen her. Da kommt das Wachsen her.

6. Und seht ihr auf dem Tisch das Brot,
   dann betet, singt und danket Gott,
   der uns in jedem Jahr beschenkt so wunderbar.

Abschluss

Kreativphase:

Miteinander Brot backen (Teig sollte aus Zeitgründen schon vorbereitet sein und kann nun von den Kindern geknetet und geformt werden).

Getreidesäcklein herstellen: Die Kinder dürfen sich selbst einen kleinen Stoffsack (ca. 10 x 15 cm) mit Getreidekörnern (nicht zu voll!) füllen. Er wird dann zugebunden und, falls die Kinder Lust haben, mit alten Stoffresten lustig beklebt. Bei dünnem, elastischem Stoff können die Kinder durch den Stoff die Getreidekörner fühlen. Außerdem lassen sich mit dem Getreidesäcklein auch Bewegungsspiele und Balancierübungen (z.B. mit dem Säckchen auf dem Kopf) durchführen.

Spiel:

»Säcklein, Säcklein du musst wandern«

Mutter und Kind sitzen sich gegenüber. Nach der Melodie von »Taler, Taler du musst wandern« wird das Lied gesungen:

> »Säcklein, Säcklein, du musst wandern
> von der einen Hand zur andern.
> Säcklein komm schnell wieder her,
> dieses Spiel gefällt mir sehr.«

Dabei geben sich Mutter und Kind das Säcklein hin und her in die Hand. Das Lied und die Bewegung wird dann immer weiter variiert (von dem einen Kopf / Knie / Fuß ... zum andern).

Zum Abschluss kann man noch miteinander ein *Lied* singen:

> Wer will fleißige Bauern seh'n?
> Der muss auf die Felder geh'n:
> Erntet ab, erntet ab –
> mit dem Mähdrescher schnipp, schnapp.
>
> Wer will fleißige Müller seh'n?
> Der muss zu der Mühle geh'n:
> Mahlet klein, mahlet klein –
> das Korn, das wird zu Mehl ganz fein.
>
> Wer will fleißige Handwerker seh'n?
> Der muss zu dem Bäcker geh'n:
> Knetet viel, knetet viel,
> weil jeder gern ein Brötchen will.
>
> Wer will fleißige Mamas seh'n?
> Der muss in die Küche geh'n:
> Schneidet Brot, schneidet Brot,
> da haben wir alle keine Not!

(Text: Beate Gaebler, auf die Melodie von »Wer will fleißige Handwerker seh'n« zu singen)

▶ Thema: **Danke, Gott, für die Kartoffeln**
▷ Zielgedanke: Weil Gott Kartoffeln wachsen lässt, haben wir Grund zum Danken
(gut geeignet für etwas größere Kinder von ca. 3–4 Jahren)

Einstieg

Begrüßungslied:

»Schön, dass du da bist«

Beginn mit der persönlichen Begrüßung der Kinder. Am Anfang eines neuen »Mini-Club«-Jahres haben wir positive Erfahrungen mit Namensschildern (Namen einfach auf Krepppapier schreiben) gemacht. Es ist schwierig, sich so viele neue Namen auf einmal zu merken, und lästig, wenn man dauernd fragen muss: Wie heisst du denn?

Lied:

»Der Herbst ist da« (s. Seite 73/74)

Erarbeitung

1. Spiel:
Wir suchen im Raum versteckte Kartoffeln

2. Spiel:
»Kartoffeln fühlen«

In einem Eimer werden Kartoffeln und andere Gegenstände bunt gemischt; mit einem Stoffaufsatz wird der Eimer verschlossen. Die Kinder sollen durch Fühlen herausfinden, ob sie eine Kartoffel oder einen anderen Gegenstand in der Hand halten. Anschließend nochmals die dritte Strophe des Liedes singen.

Tipp: So ein »Fühleimer« lässt sich schnell selbst herstellen und ist oft einsetzbar: Man benötigt nur ein ca. 50 cm langes Stück Stoff (Breite 140 cm). An beide Seiten näht man eine Tunnelnaht. Dann ein Gummiband in der Radiuslänge des Eimers und für die Handöffnung einziehen und auf dem Eimer befestigen.

Spiel mit Puppentheater:

(Max und Anna sind selbst gebastelte Holzpuppen/Stabpuppen)

Max: Hallo Kinder, hallo Anna!

Anna: Hallo Max, weißt du was?

Max: Nein, Anna, was ist denn los?

Anna: Am Sonntag will ich mit Mama und Papa zu einer Erntedankfeier.

Max: Das ist ja toll.

Anna: Ja, aber was ist denn Erntedank? Mama sagt, das ist ein Fest mit Gemüse und Obst und Körnern.

Max: Da hat deine Mama Recht. Beim Erntedankfest sagen die Menschen Gott danke für alles, was auf den Feldern gewachsen ist.

Anna: Aber wir haben doch gar keine Felder. Warum soll ich denn danke sagen, dass die Bauern geerntet haben?

Max: Der Bauer hat die Arbeit gehabt und Gott hat Sonne und Regen geschickt, so dass alles wachsen konnte. Sonst hätten wir gar nichts zu essen.

Anna: Da fällt mir etwas ein. Ich habe letzte Woche Oma im Garten geholfen. Da haben wir Kartoffeln für den Winter eingesackt. Die kann man doch auch essen.

Max: Na klar. Lass uns doch mal überlegen, wie man Kartoffeln essen kann. Fällt euch was ein, Kinder?

Anna: Ich hab 'ne Idee: Kartoffelpuffer, Kartoffelbrei und am liebsten Pommes!

Max: Die Kartoffeln kann man bis zum Frühjahr im Keller aufheben ...

Anna: ... und wie kriegt man dann wieder neue Kartoffeln?

Max: Man legt die Kartoffel in die Erde. Dann muss man warten. Nach ein paar Wochen kommen grüne Triebe aus der Erde, irgendwann blühen die dann und es gibt kleine rote Früchte. Aber die bitte nicht essen, sondern mit einer Schaufel oder Gabel nachschauen, was unter der Erde ist. Da kannst du staunen: Viele Kartoffeln sind aus der einen gewachsen!

Anna: Und was ist aus meiner Kartoffel vom Frühjahr geworden?

Max: Die gibt es nicht mehr. Sie war die Nahrung für die neuen Kartoffeln und ist nicht mehr da.

Anna: Also, eine Kartoffel ist gestorben, damit wir viele neue Kartoffeln haben.

Max: Ja, so funktioniert das. Gott hat sich das toll ausgedacht.

Anna: Dann kann ich ja auch Kartoffeln auf den Erntedanktisch legen?

Max: Das kannst du, Anna. Weisst du, dass man auch mit Kartoffeln basteln kann?

Anna: Nein, kannst du mir das zeigen?

Max: Wir können Kartoffelstempel machen und schöne Bilder damit drucken. Habt ihr Lust, mitzumachen?

Anna: O ja, lasst uns anfangen!

Abschluss

Kreativphase:

Kartoffelstempel lassen sich ganz einfach herstellen, indem man Kartoffeln halbiert und mit Ausstechförmchen in die Kartoffel hineinsticht. Das Förmchen stecken lassen und mit einem scharfen Messer (nur für Erwachsene!) alles um das Förmchen herum wegschneiden. Dann das Förmchen aus der Kartoffel ziehen – fertig ist der Stempel. Die Kinder dürfen ihre Stempel mit Abdeck- oder Wasserfarbe bestreichen und können Bilder oder Geschenkpapier im Stempeldruck erstellen.

▶ Thema: **Indianerfest**

▷ Zielgedanke: Wie lebten die Indianer? – Wir lernen sie kennen!

Raumgestaltung:

Sitzkissen in Kreisform um ein »Lagerfeuer« (in Form geknülltes rotes, oranges und gelbes Transparentpapier über eine Taschenlampe auf Holzscheiten drapiert), ein Indianerzelt in der Raumecke

Einstieg

Impulsgespräch mit vergrößerter Fotokopie eines Indianerbildes:

Ich habe euch ein Bild von einem Mann mitgebracht. Es ist ein besonderer Mann. Wisst ihr, was das Besondere an ihm ist? (Federn, lange Haare, Zöpfe ...)

Es ist ein Indianer. Die Indianer leben in einem anderen Land, in Amerika. Sie haben eine rotbraune Hautfarbe und meist ganz schwarze Haare. Zu der Zeit, als eure Omas noch Kinder waren, wohnten die Indianer in Zelten und kochten ihr Essen am Lagerfeuer (Bilder zeigen).

Wer von euch weiß noch etwas über die Indianer und wie sie früher lebten? (Kinderantworten abwarten und evtl. ergänzen: Pfeil und Bogen zum Jagen, lernten früh reiten, konnten ganz leise schleichen ...) Wir spielen heute, dass wir alle Indianer sind! In dem Lied, das wir nun zusammen lernen, können wir schon mal üben, um unser Lagerfeuer zu reiten, zu schleichen und zu tanzen:

Begrüßungslied:

»Wenn die Indianer reiten«

(Text: Rolf Krenzer; Melodie: Paul G. Walter, © Musikbär Verlag Schriesheim, aus: MC »Was können wir spielen«)

2. Wenn die Indianer schleichen, dann schleichen alle so ...

3. Wenn die Indianer kämpfen, dann kämpfen alle so ...

4. Wenn die Indianer jagen, dann jagen alle so ...

5. Wenn die Indianer springen, dann springen alle so ...

6. Wenn die Indianer tanzen, dann tanzen alle so ...

7. Wenn die Indianer schlafen, dann schlafen alle so ...

(Wir schleichen zu dem Lied wie Indianer im Kreis herum, wir reiten, jagen, springen, kämpfen und tanzen. Zum Schluss legen wir uns alle auf die Erde und schlafen.)

Erarbeitung

Klanggeschichte:

»Aki, der kleine Indianerjunge«
Für die Klanggeschichte verteilen wir an die Kinder keine Instrumente (wie üblich), sondern Luftballons, die mit verschiedenen Materialien gefüllt sind. Zunächst dürfen die Kinder die Luftballons einfach ausprobieren, sie schütteln und hören, was da drin sein könnte. Weil die Kinder noch sehr klein sind, verwenden wir nur drei verschiedene Materialien: Wasser in blauen Luftballons, Sand in gelben und Gras in grünen Luftballons.

Während wir die frei erfundene Geschichte eines kleinen Indianerjungen erzählen, dürfen die Kinder mit ihren Müttern bei ihrem Stichwort den entsprechenden Luftballon einmal schütteln:

Früh am Morgen stand Aki auf und wusch sich mit dem kalten Brunnenwasser
    (blaue Wasserballons schütteln).
Er gähnte einmal kurz und lief durch den Präriesand
    (gelbe Sandballons schütteln),
um seine Mutter zu suchen.
Sie stand im hohen Schilfgras
    (grüne Grasballons)
am Fluss
    (blaue Wasserballons)
und wusch schmutzige Wäsche ...

(Wie die Geschichte weitergeht, bleibt Ihrer Phantasie überlassen. Bei uns hat der kleine Junge sich im hohen Gras verlaufen und wurde zum Schluss von seiner Mama wiedergefunden.)

Lied:

»Ja, Gott hat alle Kinder lieb«
(Unser Kinderliederbuch, Nr. 198)

Abschluss

Basteleinheit zur Geschichte:

Indianerkopfschmuck herstellen: Aus Wellpappe schneiden wir
ca. 2 cm breite und 20 cm lange Streifen, die mit einem Gummi-
litzenband (nach Kopfgröße des Kindes) verbunden (getackert)
wurden. Die Kinder können sich dann nach Lust und Laune Federn in die Hohlräume der Wellpappe stecken. Danach werden
sie noch wie Indianer geschminkt.

»Die Sockenhüpfer«
aus Wuppertal-Heckinghausen

Zur Spielgruppenarbeit in unserer Gemeinde

Vor elf Jahren begann die Spielgruppenarbeit in der Gemeinde Heckinghausen. Bis dahin hatten die ganz Kleinen keinen rechten Platz in unserer Gemeinde. Viele Anfragen von Eltern aus den Kindergärten und Taufkursen machten uns deutlich, dass Angebote für diese Altersgruppe fehlten. Zwischen dem ersten Kontakt zur Gemeinde (im Taufkurs) und dem Besuch des Kindergartens oder des Kindergottesdienstes lagen mehrere Lebensjahre der Kinder, für die wir als Gemeinde nichts »zu bieten« hatten. Gerade in diesem Lebensabschnitt sind junge Eltern auf der Suche und bereit, über ihre Kinder Kontakt zur Gemeinde aufzunehmen. Wir hoffen, dass die Eltern auch über die Spielgruppenzeit hinaus an unserem Gemeindeleben teilnehmen.

Die erste Spielgruppe startete mit acht Kindern und Müttern in unserem Wohnzimmer. Die Kinder waren erst zwischen 7 Wochen und 5 Monaten alt. Mit zunehmendem Alter der Kinder stieg auch ihr Bewegungsdrang und bald wechselten wir in einen Gemeinderaum, der mit einigen Spielsachen ausgerüstet war. Nach einigen Monaten entstand eine zweite Spielgruppe in ähnlicher Besetzung. Mittlerweile gibt es vier Spielgruppen, bald schon eine fünfte. Ich habe die Koordination der Spielgruppenarbeit übernommen und führe eine Warteliste, in die alle interessierten Mütter und ihre Kinder eingetragen werden. Die Erfahrung der letzten Jahre hat gezeigt, dass leider nur zwei Väter die Spielgruppen besuchen konnten. In den Entwürfen spreche ich deshalb nur von Müttern.

Im Laufe der Zeit stellte sich heraus, dass die Mitarbeiterinnen der Gruppen an ihre Grenzen kamen. Woher die neuen Ideen für Gruppenprogramme nehmen? Welche neuen Lieder und Spiele gibt es für die Kleinsten? Ich lud deshalb alle Mitarbeiterinnen der Spielgruppen ein und wir beschlossen, regelmäßige vierteljährliche Teamtreffen durchzuführen.

Unsere Gruppen haben eine feste Teilnehmerzahl von 7 bis 9 Müttern mit ihren Kindern. Die altersmäßige Zusammensetzung der Gruppen ist unterschiedlich. Bei den »Sockenhüpfern« gibt es momentan acht Kinder, die zwischen 22 und 26 Monate alt sind; demnächst wird sich die Gruppe um drei Geschwisterkinder vergrößern.

Zeitlicher Rahmen

In einem kleinen Raum, der eigens für die Spielgruppen eingerichtet worden ist, treffen wir uns einmal wöchentlich von 9.30 Uhr bis 11.00 Uhr. Über die Länge des Spielgruppenmorgens haben wir lange nachgedacht. Die Schlafzeiten der Kinder und der kleine Raum waren schließlich ausschlaggebend für diese Zeitbegrenzung. Mittlerweile sind wir über diese Entscheidung sehr froh; wir haben gemerkt, dass die Konzentration und Spielbereitschaft der Kinder nach eineinhalb Stunden erschöpft ist.

Ein Vormittag bei den »Sockenhüpfern«

1) Begrüßungskreis (ca. 10 bis 15 Minuten)

Ab 9.20 Uhr treffen die Kinder mit ihren Müttern ein. Gegen 9.40 Uhr setzen wir uns in einem großen Kreis auf unseren Teppich. Wir beginnen jedes Treffen mit dem *Begrüßungslied*: »Guten Morgen, guten Morgen, wir winken uns zu ...« (Melodie s. Seite 111), bei dem alle Kinder und Mütter mit verschiedenen Bewegungen begrüßt werden.

Dieses Ritual ist den Kindern ganz wichtig und darf nicht verändert werden.

Die Anzahl der Lieder und Fingerspiele darf nur langsam gesteigert werden. Wichtig ist das Wiederholen der bekannten Liedinhalte und Bewegungen; das hilft den Kindern bei der Orientierung und gibt Sicherheit.

Gu- ten Mor- gen, gu- ten Mor- gen, wir

win - ken uns zu. Gu- ten zu. Die

... ... ist da, der ... ... ist da, die

... ... ist da. Tra - la - la - la!

Der Begrüßungskreis dauert nicht länger als 10 bis 15 Minuten, je nach Aufnahmebereitschaft der Kinder. Mit 2 Jahren kennen die Kinder schon so viele Lieder und Spiele, dass ich manchmal einen »Wunschkreis« anbiete: Jedes Kind darf sich ein Lied oder Spiel wünschen.

2) Freies Spielen
(je nach Programm ca. 20 bis 30 Minuten)

Viele Kinder können schon im Spielkreis kaum sitzen bleiben und freuen sich aufs Spielen. Ich finde diese Zeit nach wie vor am wichtigsten. Spielen ist für Kinder eine ernste Sache. Es bedeutet Hingabe und intensive Auseinandersetzung mit einer selbst gestellten Aufgabe. Kinder lernen vieles durch das Spiel; vor allem Ausdauer und Konzentration. Außerdem begreifen sie, wie ein Spielzeug zusammengesetzt ist und wie es funktioniert. Sie lernen beim Spielen ihren Körper kennen und beherrschen. Durch viele Nachahmungs- und Wiederholungsspiele üben sie außerdem sprachliche Fähigkeiten, die für das Selbstvertrauen wichtig sind. Natürlich gelingt nicht immer alles. Kinder kommen an ihre Grenzen und brauchen Hilfe von anderen Kindern oder Müttern. Im Spiel mit Gleichaltrigen erleben sie auch die Auswirkungen ihres Handelns: Ob sie etwas verteidigen oder teilen, bewirkt unterschiedliche Reaktionen bei den Mitspielern.

Für uns Erwachsene heißt es, im Hintergrund zu bleiben, das Spiel der Kinder nicht zu stören, aber da zu sein, wenn Hilfe nötig ist. Das abwechselnde Mitspielen und sich Zurücknehmen (um zu beobachten), zeigt uns immer wieder, was es an den Kindern noch neu zu entdecken gibt. Das Spielverhalten der Kinder ist in einer Gruppe natürlich ganz anders als zu Hause bei Eltern oder Geschwistern. So haben wir an unseren Kindern schon viele Gaben und Fähigkeiten entdeckt, die uns zu Hause nicht aufgefallen wären. Damit unsere Kinder nicht von zu vielen Reizen überfordert werden, beschränken wir das Spielzeugangebot. Außerdem bleibt Spielzeug interessant, wenn es nicht immer zur Verfügung steht. Im Laufe der Zeit haben wir einen »Kreativtisch« eingerichtet. Hier können die Kinder während des Freispiels malen, mit Papier experimentieren, kneten, schneiden oder kleben. Eine Mutter sitzt als Helferin mit am Tisch.

3) Kleine Frühstückspause (10 Minuten)

In Absprache mit allen Müttern ist die Frühstückspause recht kurz. Das hat zum einen den Grund, dass die meisten Kinder zum Essen nicht viel Zeit brauchen und das Sitzenbleiben ihnen schwer fällt; zum anderen besteht für uns Mütter die Gefahr, die Pause zum Kaffeeklatsch auszuweiten.

Bei Geburtstagen gilt eine andere Regelung (s.u.).

Wir haben uns darauf geeinigt, vor allem Obst und Rohkost mitzubringen, um die Zähne unserer Kinder zu schonen; aber auch gesunde Knabberstangen und Kekse finden großen Anklang. Die Mütter bringen außerdem reihum Tee oder Kaffee mit. Zwei Tischlieder singen wir im Wechsel: »Jedes Tierlein hat sein Essen« und »Miteinander essen, das kann schön sein« (Unser Kinderliederbuch, Nr. 272).

4) Kleine Beschäftigungsangebote (ca. 10 bis 15 Minuten)

Für alle Kinder, die Lust dazu haben, gibt es dann unser »besonderes Angebot«. Vierteljährlich stellen wir einen Plan auf, in den sich die Mütter für ein Angebot eintragen können. Oft gestalten auch zwei Mütter gemeinsam etwas, zum Beispiel ein Puppenspiel.

Die übrigen Angebote übernehme ich, vor allem das Turnen und das Erzählen von biblischen Geschichten. Trotz der Arbeit, alles gut vorzubereiten, und der Angst, ob das Angebot bei den Kindern ankommt, haben die Mütter viel Spaß und bekommen Anerkennung für ihre Ideen. Wir bemühen uns, Angebote aus allen Bereichen anzubieten.

Alle zwei Monate haben wir einen thematischen Spielvormittag. Dabei zieht sich das Thema wie ein roter Faden durch Begrüßungskreis, Freispiel und Angebot (für Kinder ab ca. 2 Jahre).

5) Schlusskreis

Zum Abschluss des Vormittags treffen wir uns noch einmal auf unserem Teppich. Kleine Fingerspiele und Verse bringen die Kinder zur Ruhe. Unsere Abschiedslieder sind: »Trampelland«, »Auf der grünen Wiese steht ein Karussell«, »Herr, dein guter Segen« und »Alle Leut', alle Leut'«.

Der letzte Satz ist immer der gleiche: »Erst die Rechte, dann die Linke ...« (dazu die jeweilige Hand hochheben) »machen beide winke, winke – und zum guten Schluss, einen dicken Kuss!« (dazu einen Handkuss in die Innenfläche der Hand drücken und in die Runde pusten).

6) Geburtstage

In unserer Gruppe haben wir uns darauf geeinigt, erst den zweiten Geburtstag der Kinder zu feiern. Hierzu haben wir uns folgenden Ablauf überlegt: Das Freispiel wird etwas gekürzt. Das Geburtstagsfrühstück wird von der jeweiligen Mutter vorbereitet. Neben Kuchen gibt es auch Dinge wie zum Beispiel Gurkenkrokodile mit Käse oder Obstspießchen, Obstsalat, Quarkspeise, Brezeln, Tierfiguren aus Hefeteig und vieles andere mehr. Der Tisch wird mit unserer Geburtstagsdecke und Servietten für die Kinder gedeckt. Das Wichtigste ist der Kerzenkranz mit unserem Geburtstagswichtel und die Geburtstagsmaus, die immer wieder anders gefüllt wird.

Der Stuhl des Geburtstagskindes wird mit zwei Luftballons verziert. An einem Elternabend haben wir »Geburtstagsorden« gebastelt (Tonkartonblume auf Krepppapier mit einem Bonbon obendrauf), die jedes Kind an seinem Festtag verliehen bekommt. Als Geschenk der Gruppe gibt es ein kleines biblisches Bilderbuch mit Illustrationen von Kees de Kort. Nach dem Anzünden der Kerzen singen wir »Viel Glück und viel Segen« und »Der/Die (Name des Kindes) hat Geburtstag«. Dann dürfen die Geschenke ausgepackt werden und das Frühstück beginnt. Nach dem Frühstück lassen wir das Kind noch hochleben, dazu singen wir das Lied »Hoch soll er/sie leben ...« Bei »hoch, hoch, hoch« wird das Kind mit seinem Stuhl dreimal hochgehoben. Dann pustet es seine Kerzen aus. Im Schlusskreis darf sich das Geburtstagskind noch ein Lied oder Spiel wünschen.

7) Der Gruppenraum

Unser Raum ist eingerichtet mit einem Bauteppich, einer kleinen Spielküche mit Geschirr, zwei Tischen mit kleinen

Stühlen, einer kleinen Bank, einer Wickelkommode und zwei Matratzen.

Vorhandenes Spielzeug (auf Flohmärkten finden wir immer sehr günstige Spielsachen für wenig Geld): ein Bobbycar, ein kleiner Puppenwagen, zwei Puppen, ein Spielbett, ein Kriechtunnel, verschiedene Duplo-Steine, ein Therapiekreisel, verschiedene Steckspiele, Puzzle-Spiele, Bausteine, Autos, Bälle, eine Holzeisenbahn, selbst genähte Säckchen mit verschiedenen Füllungen und Orff'sche Instrumente (Klanghölzer, Triangel, Klangstäbe, Rasseln). Außerdem haben wir Schaukeltücher und ein selbst genähtes Schwungtuch, eine »schiefe Ebene«(starkes Sperrholzbrett, das mit verschiedenen weichen und langhaarigen Teppichresten beklebt ist) sowie ein Schaukelpferd und eine Verkleidungskiste.

An Bastelmaterial haben wir Tonpapier, Malpapier, Wachsblöcke und -stifte, Scheren, Kleber, Fingerfarben, Wasserfarben, Malbecher, Toilettenrollen, Schachteln und Korken vorrätig – und alte Kittel zum Überziehen.

8) Unsere Hitparade der Spielgruppenlieder

a) »In unserm Haus, da wohnt ein Hund, der Bingo wird genannt« (schon für ganz Kleine geeignet)

In unserm Haus, da wohnt ein Hund,
der Bingo wird genannt;
    (zweimal wiederholen und mit dem Kind auf dem Arm im Kreis herumgehen)
Bin – go, Bin – go, der Bingo wird genannt.
    (die Buchstaben einzeln benennen, dazu das Kind vor dem Körper hin- und herwiegen)
B – I – N – G – O.
    (bei jedem Buchstaben das Kind hoch in die Luft werfen).

b) »So reiten die Damen« (ab 6 Monate)

So reiten die Damen, so reiten die Herren,
so hoppelt der Bauer,
so hoppelt der Bauer übers Feld,
bis er fällt, bis er fällt – plumps!
  (Das Kind sitzt auf den Knien, zur Mutter gewandt. Das Reit-
  tempo wird immer schneller, bis das Kind zum Schluss abge-
  worfen wird.)

c) »Meine Hände sind verschwunden« (ab eineinhalb Jahre)

d) »Trampelland« (ab einem Jahr)

e) »Das Fischlein in dem Wasser« (ab eineinhalb Jahre)

f) »Eine Schnecke, eine Schnecke« (schon für ganz Kleine)

Eine Schnecke, eine Schnecke,
krabbelt rauf, krabbelt rauf,
krabbelt wieder runter, krabbelt wieder runter,
kitzelt dir den Bauch, kitzelt dir den Bauch.
  (Die Bewegungen ergeben sich aus dem Text, nach der Melodie von »Bruder Jakob«.)

g) »Alle Leut', alle Leut'« (ab einem Jahr)

h) »Wir gehen jetzt im Kreise« (ab zwei Jahre)
   (aus: »1,2,3 im Sauseschritt« von Detlev Jöcker)

i) »Kommt alle und seid froh« (ab zwei Jahre)

Kommt alle und seid froh, kommt alle und singt so:
  (oder auch klatscht – stampft – lacht so)
Gott hat euch lieb, drum sind wir hier;
Gott hat euch lieb, drum singen wir.
Kommt alle und seid froh, kommt alle und singt so.

j) »Auf der grünen Wiese steht ein Karussell« (schon für ganz Kleine)

Auf der grünen Wiese steht ein Karussell,
manchmal fährt es langsam, manchmal fährt es schnell.
Anhalten – einsteigen – Türen schließen – anschnallen –
und los geht die Fahrt!
    (Mit den Kindern auf dem Arm im Kreis gehen, dann anhalten, einen Schritt zur Mitte gehen. Die Kinder erst mit dem Arm umschließen und dann schnell drehen.)

Ziele unserer Spielgruppenarbeit

1) Für die Mütter

– Kontakt zu anderen Müttern und Kindern

Die Wohnsituation, besonders in den Großstädten, erschwert häufig den Kontakt zu anderen Familien. Viele Mütter verbringen den Tag allein mit ihrem Kind und suchen Kontaktpersonen, um Erfahrungen auszutauschen oder gemeinsam etwas zu unternehmen. Mütter sind auf der Suche nach Orten der Begegnung außerhalb des häuslichen Bereichs. In der Spielgruppe besteht die Möglichkeit, andere Mütter und Kinder in ähnlichen Familiensituationen kennen zu lernen.

– Hilfe und Anregung für alltägliche Fragen der Erziehung

Im Gespräch untereinander erkennen Mütter, dass jede Familie Probleme bei der Erziehung hat. Wir reden über Stärken und Schwächen der Kinder und über unsere Unsicherheit beim Umgang mit schwierigen Phasen. Für Mütter kann die Spielgruppe auch ein Ort der Bestätigung und Wertschätzung ihrer Erziehungsarbeit sein.

– Anlaufstelle für Fragen über »Gott und die Welt«

Bis zur Geburt ihrer Kinder haben die Mütter schon ganz unterschiedliche Erfahrungen mit der Institution Kirche gemacht. Erlebnisse aus dem Konfirmandenunterricht, Erfahrungen bei der Hochzeit und in einem Taufkurs haben sich eingeprägt. Bei uns soll es die Möglichkeit geben, Frust und schlechte Erfahrungen abzuladen. Und es soll Gelegenheit sein, Fragen zu stellen, die unter den Nägeln brennen. Dabei wollen wir Mitarbeiterinnen auch von unseren Glaubenserfahrungen erzählen. Wir hoffen, dass die Spielgruppenarbeit so zu einem Bindeglied zwischen jungen Familien und der Gemeinde wird.

2) Für die Kinder

– Kontakte zu anderen Kindern

Über den häuslichen Bereich hinaus, der tagsüber oft nur aus dem Miteinander von Mutter und Kind besteht, können Kinder hier erste Kontakte zu anderen Kindern knüpfen.

– Erste Regeln des Sozialverhaltens

Im Umgang mit Gleichaltrigen üben die Kinder erste Regeln des Sozialverhaltens ein. In der Gruppe lernen sie unter anderem, Rücksicht zu nehmen, sich durchzusetzen und Konflikte zu lösen.

– Gemeinschaftliche Erlebnisse

Durch gemeinsames Handeln wie Singen, Basteln, Tanzen, Spielen und Beten entwickelt sich bei den Kindern ein Gemeinschaftsgefühl.

– Spielend lernen in der Gruppe

Kinder lernen beim Spielen. Elemente wie Begrüßungskreis, Freispiel und kleine Beschäftigungsangebote bereichern den Erfahrungsschatz der Kinder und fördern die persönliche Entwicklung.

– Biblische Inhalte vermitteln

In die Gruppenstunden fließen immer wieder Fingerspiele, Lieder und Geschichten mit biblischen Inhalten ein.

Viele Fragen und Probleme der Kindererziehung konnten zu Anfang, als die Kinder noch sehr klein waren, in der Gruppenstunde besprochen werden. Mit zunehmendem Alter der Kinder reichte uns die Zeit nicht mehr, da das gemeinsame Spielen zunahm und kleine Angebote die Zeit füllten. So entstand unser »Abendtreff« alle 6 bis 8 Wochen. Wir gestalten die Abende im Wechsel, einmal thematisch, einmal als gemütliches Zusammensein.

Ein kleiner Überblick über unsere *thematischen Abende*:

– Allgemeine Erziehungsfragen – Gespräch und kleiner Büchertisch
– Meine Geschichte mit dem Glauben
– Adventszeit mit Kindern – Brauchtum und Traditionen
– Unsere Gruppe nach einem Jahr
– Auszüge aus dem Buch »Kinder sind wie ein Spiegel«, von Ross Campbell, Francke Verlag, Marburg; zum Thema: Liebe, was ist das?
– Buchvorstellung: Erste Bibeln für Kinder, biblische Bilderbücher
– Vollwertkost für Kinder

- Wie bete ich mit meinen Kindern?
- Auszüge aus dem Buch »Kinder sind wie ein Spiegel« – Disziplin, was ist das?
- Unsere Kinder sind im Trotzalter
- Meine Wünsche, meine Träume
- Kinder und Fernsehen
- Mit Kindern christliche Feste feiern
- Chemie im Kinderzimmer

Diese Abende in der Mütterrunde haben uns viele neue Denkanstöße gebracht und keiner will mehr auf diese Treffen verzichten. Die regelmäßige Beteiligung zeigt uns, wie wichtig ein Austausch untereinander ist.

Gemeinsame Spielgruppen-Elternabende

Zweimal im Jahr bieten wir einen Elternabend an. Dies waren unsere Themen:

1. Abend: »Neue Lieder und Kreisspiele aus den Gruppen«

Jede Gruppe stellt zwei Lieder vor. Sie werden gemeinsam gesungen und auf Kassette aufgenommen; jede Spielgruppe erhält eine Kassette zum Lernen der Lieder.

2. Abend: »Verschiedene Möglichkeiten, biblische Geschichten zu erzählen«

a) Zachäus (mit Overheadprojektor)
b) Sturmstillung (mit Bildern)
c) Bartimäus (mit Filz-Klett-Figuren)

Der Abend wurde mit einem Kindergottesdienstteam gestaltet und gab so auch kleine Einblicke in die Kindergottesdienstarbeit.

3. Abend: »Bücher und Spiele für Kinder«

Vorstellung alter und neuer Spiele, selbst gemachte Spiele zum Nachbauen; Büchertisch.

4. Abend: »Konsequente Erziehung«

Mit einem Referenten in Zusammenarbeit mit unserem Kindergarten.

5. Abend: »Erste Hilfe bei Kindern«

Mitarbeiter des Roten Kreuzes informieren und machen praktische Übungen.

Spielgruppe und Gemeinde

Von Anfang an haben wir die Spielgruppenarbeit als Teil der Gemeinde verstanden. Den eher kirchenfernen Spielgruppenmüttern wollten wir unsere Gemeinde auf vielfältige Weise näher bringen.

1) Ein Gemeindepfarrer war bereit, die Spielgruppenarbeit zu unterstützen. Er war meistens bei den »großen Treffen« dabei und kam auf Wunsch in die Spielgruppen, um biblische Geschichten zu erzählen.

2) Einladung zu Familiengottesdiensten; Vorstellung der Spielgruppenmitarbeiterinnen in einem Gottesdienst, bei dem auch einige Mütter mitwirken; Spielgruppengottesdienst (in Planung).

3) Regelmäßige Einladung zum Kindergottesdienst für Geschwisterkinder sowie Besuch von Frühstückstreffen für Frauen.

Simone Jacken

▶ Thema: **Früchte aus dem Garten**

Alter der Kinder: ab 2 1/2 Jahre

Vorbereitung:

Jedes Kind darf Früchte einer Obstsorte mitbringen, die es besonders gerne mag. Einiges wird noch dazugekauft (möglichst heimische Obstsorten) sowie Zitrone, Sahne und eventuell Rosinen. Jedes Kind soll ein nicht zu scharfes Messer und ein Brettchen mitbringen; wer mag, auch eine Schürze.

Materialien:

Schüssel, Salatbesteck, Zitronenpresse, Mixer und Rührbecher, Tellerchen, Teelöffel und Brettchen. Außerdem Bilder von Obst und Obstbäumen sowie Weinbergen dazu, Tonkarton, Krepppapier, Kleister, Pappe, Scheren und eine Maldecke.

Begrüßungskreis

Natürlich beginnt auch dieser Morgen mit unserem Anfangslied »Guten Morgen, guten Morgen, wir winken uns zu ...« und zwei weiteren Aufwärmliedern wie zum Beispiel die »Zappelmänner« und der Kniereiter »Hopp, hopp, hopp, mein Eselchen«.

Lied:

»Hopp, hopp, hopp, mein Eselchen«

Hopp, hopp, hopp, mein Eselchen, wo reitest du denn hin?
Ich reite zu der Mühle und werf den Sack dorthin.
  (Kind reitet auf den Knien der Mutter; dann lässt man das
  Kind weit nach hinten fallen und hält es an den Händen fest)

Jetzt braucht meine Mühle Wind, Wind, Wind – sonst läuft sie nicht geschwind. (2 x)

(beide Hände drehen sich umeinander)

Aus Korn wird Mehl, aus Mehl wird Brot, Brot schmeckt allen Kindern gut. (2 x)

(Hände reiben erst das Korn, dann den Bauch)

Dann folgt ein Spiel, das gut zum Thema passt: »Das Apfelbaumspiel«. Weil die Kinder es meist mehrmals spielen möchten, kann man auch eine Variante mit Birnen oder Pflaumen einplanen.

Mitmachlied:

»Der Apfelbaum«   (mündlich überliefert)

Ich hol mir ei - ne Lei - ter und
und stei - ge im - mer wei - ter so

1. stell sie an den Ap - fel - baum,
2. hoch, man sieht es

2. kaum. Ich pflük - ke, mal links von mir,

mal rechts von mir: Ich pflük - ke,

mein gan - zes Körb - chen voll.

(Strophen mit Bewegungsangaben s. Seite 124)

1. Ich hol mir eine Leiter und stell sie an den Apfelbaum
   Und steige immer weiter, so hoch, man sieht es kaum.
   (Kinder stehen im Kreis und deuten das Leitersteigen an)
   Ich pflücke, ich pflücke, mal links von mir, mal rechts von mir:
   Ich pflücke, ich pflücke, mein ganzes Körbchen voll.
   (die rechte und linke Hand pflücken abwechselnd Äpfel
   aus der Luft; dann wird das volle Körbchen gezeigt)

2. Ich steige immer weiter und halt mich an den Zweigen fest
   und setze mich gemütlich hoch oben ins Geäst.
   (nach dem Leitersteigen setzen sich die Kinder ein wenig
   nach hinten)
   Ich wippe, ich wippe, diwipp, diwapp, diwipp, diwapp.
   Ich wippe, ich wippe, und falle nicht herab – klipp, klapp.
   (die Kinder deuten mit ihrem Körper Wipp-Bewegungen
   an, bei klipp, klapp wird geklatscht)
   Knaaks, knaaks, knaaks – plumps!
   (die Kinder bewegen sich immer ein Stück mehr in die
   Hocke und fallen zum Schluss in die Mitte des Kreises)

Impulsgespräch zum Thema:

In der Mitte unseres Kreises steht eine große Schale. Jedes Kind
darf jetzt die Früchte auspacken, die es mitgebracht hat, und sie
in die Schale legen. Wir überlegen gemeinsam, wie die Früchte
heißen und wo sie wachsen. Danach schauen wir uns die Bilder
von Obstbäumen und einem Weinstock an. Jeweils eine Frucht
wird aufgeschnitten. Wir betrachten das »Innenleben« und verteilen kleine Stücke an alle Kinder, die probieren wollen. Alles
andere legen wir für die Zubereitung des Obstsalates schon einmal auf unseren Tisch.

Spiel:

Wir spielen zum Abschluss des Begrüßungskreises »Der Obstkorb fällt um«.

Je zwei Kinder und zwei Mütter geben sich einen Obstnamen und müssen auf Zuruf die Plätze tauschen. Beim Zuruf »Der Obstkorb fällt um« müssen alle einen neuen Platz finden.

Lied:

Mit dem schon bekannten Lied »In einem kleinen Apfel« beenden wir unseren Begrüßungskreis.

Kreativangebote

Herstellung des Obstsalates:

Bei der Zubereitung des Obstsalates darf jedes Kind aussuchen, was es schneiden möchte. Der fertige Obstsalat wird mit etwas Zitronensaft abgeschmeckt und mit Rosinen bestreut. Während der Salat durchzieht, ist Zeit zum Spielen.

Bastelarbeit: Obstkorb

Zur Vertiefung des Themas bieten wir am Kreativtisch eine Bastelarbeit an. Vorbereitete Früchte aus Tonkarton (Birnen, Äpfel, Pflaumen, Bananen) sollen von den Kindern mit Krepppapierkugeln beklebt werden. Die Kugeln werden zunächst aus kleinen Papierstreifen gerollt und dann mit Kleister auf die gleichfarbigen Früchte geklebt. Die Ausdauer der Kinder ist oft nach einigen geklebten Kugeln erschöpft, aber weil Kugeln und Tonkarton die gleiche Farbe haben, sieht es auch dann schon sehr dekorativ aus. Auf eine große Pappe heften wir eine Obstschale aus Tonkarton. Da hinein kann jetzt jedes Kind seine Frucht kleben. Das Bild wird in unseren Gruppenraum gehängt.

Zur *Frühstückspause* essen wir unseren *Obstsalat.*

Mit unserem *Schlusskreis* endet der heutige Vormittag.

▶ Thema: **Die Raupe Nimmersatt**

Alter der Kinder: ab 2 Jahre

Vorbereitung:

Schon zu Hause haben die Mütter mit ihren Kindern sechs bis zehn runde Bierdeckel mit grüner Farbe angemalt. Jede Familie bringt bestimmte Materialien mit.

Materialien:

Das Pappbilderbuch »Die Raupe Nimmersatt« von Eric Carle, Gerstenberg Verlag (evtl. aus der Bücherei leihen), runde Bierdeckel oder Kreise aus starkem Karton, dicke Perlen, 2 cm lange Röhrennudeln, dickeres Band (Lederband oder Paketschnur), Pfeifenreiniger, Knöpfe

Begrüßungskreis

Der Begrüßungskreis beginnt mit dem Lied »Guten Morgen, guten Morgen ...« Passend zum Thema Raupe/Frühling wollen wir folgende Lieder dazu singen:

Lied:

»Schmetterling, du kleines Ding« (Melodie s. Seite 127)

Lied:

»Erst kommt der Sonnenkäferpapa« (s. Seite 39)

Schmet - ter - ling, du klei - nes Ding, such dir ei - ne Tän - ze - rin, ju - hei - ras - sa, ju - hei - ras - sa, oh, wie lu - stig tanzt man da. Lu - stig, lu - stig wie der Wind, wie ein klei - nes Blu - men - kind. Lu - stig, lu - stig wie der Wind, wie ein Blu - men - kind.

(mündlich überliefert)

Bilderbuchbetrachtung:

Dazu verändern wir die Sitzordnung zu einem Halbkreis. Die Mütter sitzen hinter ihren Kindern, damit alle das Buch gut sehen können. Je jünger die Kinder sind, umso weniger Text wird gelesen, vielmehr entwickelt sich ein gegenseitiges Zeigen und Erzählen.

Fingerspiel zur Geschichte:

Die kleine Raupe Nimmersatt frisst wochentags nur Blattsalat:
   (rechter Zeigefinger bewegt sich als Raupe zum Daumen und nagt dort, ebenso an den anderen Fingern)

127

am Montag gibt es Ahornblätter,
am Dienstag schmeckt die Birke netter,
am Mittwoch ist die Zeder gut,
am Donnerstag's die Dahlie tut,
am Freitag schmatzt sie Eisenhut.
Am Wochenend' sie sich besinnt
und nun was Feines zu sich nimmt:
anstatt der Grünsalate
speist sonntags sie (Kinder raten lassen) – Tomate!

(aus: Raimund Pousset, »Fingerspiele und andere Kinkerlitzchen«, Sachbuch 60641 © 1983/1998 by Rowohlt Taschenbuchverlag GmbH, Reinbek)

Bewegungseinheit:

Kinder und Mütter sollen jetzt einmal versuchen, sich wie die Raupen zu bewegen, das heißt, über den Boden zu kriechen, indem sie Po und Knie hoch- und runterziehen; anschließend gibt es die gemeinsame Frühstückspause. Danach können die Kinder spielen, während wir am Kreativtisch unsere vorbereiteten Materialien ausbreiten. Hier besteht dann die Möglichkeit, eine Schlenkerraupe zu basteln.

Kreativangebot

Bastelanleitung für Schlenkerraupen:

Eine ca. 80 cm lange Schnur wird am Ende verknotet. In die Mitte der vorbereiteten Bierdeckel werden Löcher gebohrt. Die Kinder können nun abwechselnd Bierdeckel, Nudel und Perle auffädeln. Der letzte Deckel ist der Kopf der Raupe, das Ende der Schnur wird mit einer dicken Perle verknotet, die die Nase darstellt. Augen können aus Nudeln oder Knöpfen aufgeklebt werden. Zwei kurze Pfeifenreinigerstücke werden zu Fühlern gebogen und am oberen Rand des Kopfes angebracht. Mit drei Fäden wird die Raupe an der Decke befestigt und schwebt so zum Beispiel über dem Bett der Kinder.

Schlusskreis

Zum Ausklang gibt es heute unter anderem das *Fingerspiel* »Das Fischlein in dem Wasser«:

1. Das Fischlein in dem Wasser, das Rehlein auf der Au,
   (beide Hände zusammengeklappt bilden den Fisch, Zeige-
   und Mittelfinger zeigen das Trippeln des Rehs)
   das Vöglein in den Zweigen, das Blümelein im Tau:
   (Daumen und Zeigefinger zeigen den Schnabel des Vo-
   gels, beide Hände zeigen ein erwachendes Blümchen)
   Sie alle liebet Jesus sehr, doch uns Kinder noch viel mehr!
   (die Hände beschreiben einen großen Kreis und zeigen
   dann auf alle Kinder)

2. Den Käfer auf dem Baume, den Hasen dort im Klee,
   (zwei Finger krabbeln den Arm herauf; mit zwei Fingern
   die Hasenohren am Kopf andeuten)
   den Fuchs in seinem Bau dort, den Schmetterling in der Höh.
   (mit dem Zeigefinger in die Ferne zeigen – Arme kreuzen
   und Flügelbewegungen machen)
   Sie alle liebet Jesus sehr, doch uns Kinder noch viel mehr!
   (die Hände beschreiben einen großen Kreis und zeigen
   dann auf alle Kinder)

▶ Thema: **Das bin ich!**

Alter der Kinder: ab 2 Jahre

Vorbereitung:

Die Mütter werden gebeten, Tapetenreste, große Knöpfe und Wollreste mitzubringen und Kleister anzurühren.

Materialien:

Tapetenrollen, Schere, Wolle, Fingerfarbe, dicke Pinsel, Knöpfe, Kleister, Tesafilm

Begrüßungskreis

Lieder und Mitmach-Spiele:

Nach dem gewohnten Anfang wollen wir heute besonders Lieder singen, die verschiedene Körperteile benennen. Sehr gerne spielen die Kinder »Meine Hände sind verschwunden«:

»Meine Hände sind verschwunden, ich habe keine Hände mehr.
    (Hände hinter dem Rücken verstecken)
Hei, da sind die Hände wieder, tralaralalalala! (2 x singen)
    (Hände in der Luft drehen, dann klatschen)

Meine Augen sind verschwunden, ich habe keine Augen mehr.
    (Augen hinter den Händen verstecken)
Hei, da sind die Augen wieder, tralaralalalala!« (2 x singen)
    (mit den Augen zwinkern, dann klatschen)

So geht es weiter mit allen Körperteilen wie Ohren, Nase (zuhalten und dabei singen), Mund (mit einer Hand zuhalten und dahinter leise singen), Haare, Füße und so weiter.

Sind die Kinder etwas älter, kann das Lied auch als *Verstecklied* gesungen werden:

»Der (Name des Kindes) ist verschwunden,
ich habe keinen (Namen) mehr.
Ei, da ist der (Name) wieder, tralaralalalala!«

Als letzte Strophe singt man:

»Unsere Kinder sind verschwunden,
wir haben keine Kinder mehr.«
  (alle Kinder suchen sich ein Versteck im Raum und kommen
  beim Kehrvers wieder)

(Text mündlich überliefert; Melodie in »Der Zwergenaufstand«, Seite 48)

Nun kommt ein *Lied*, bei dem die *Hände und Finger* besonders
wichtig sind:

»Lasst uns unsre Hände drehen und die Fingerlein bewegen,
  (beide Hände werden beim Hochhalten gedreht, dann werden
  die einzelnen Finger bewegt)
dieses, jenes, gebet Acht,
was das kleine, was das kleine Händchen macht.
  (abwechselnd die Hände hochdrehen, dann klatschen)

Seht, da schwimmen unsre Fische,
schnell, dass man sie nicht erwische
  (beide Hände bilden einen schwimmenden Fisch)
und die Enten auf dem See,
schnattern lustig, schnattern lustig, schnatt, schnatt, schnatt.
  (die Hände bilden Entenschnäbel, die schnatternd das Nach-
  barkind oder die Mutter zwicken)

Seht den Turm mit seinen Ästchen,
oben drin ein Vogelnestchen,
  (ein Arm und die Hand stellen den Baum mit Ästen dar, die
  Hand formt dann ein Nestchen)
sitzen drin zwei Vögelein,
flattern lustig, flattern lustig, aus und ein.
  (Zeige- und Mittelfinger der anderen Hand deuten die Vögel an)

Hoch im Turm ein Glöckchen läutet,
wisst ihr denn, was das bedeutet?
  (Hände ineinander verschränken, einen Finger nach unten
  stecken als Glocke)
Bimbam tönt es fern und nah,
denn der Sonntag, denn der Sonntag, der ist nah.
  (Glocke bimmelt hin und her, zum Schluss klatschen)

Als Letztes ein *Lied* für den ganzen Körper:
»Kopf und Schulter«

(mündlich überliefert)

Kreativangebote

Bastelaktion Körperbilder:

Die Kinder legen sich auf vorbereitete Tapetenstücke, ihre Umrisse werden von den Müttern nachgezeichnet. Danach wird zunächst das fertige Gemälde bestaunt: Das bin wirklich ich?

Das Ausschneiden der Figuren übernehmen wieder die Mütter, für die Kinder ist jetzt Spielzeit.

Körperwahrnehmung mit Material-Säckchen:

Heute bieten wir vor allem Spielzeug an, das zur Körperwahrnehmung beiträgt. Wir haben im Laufe der Zeit viele kleine Säckchen genäht, die mit unterschiedlichen Materialien gefüllt sind. Sie eignen sich sehr gut zum Fühlen und Riechen.

Körperwahrnehmung mit der »Schrägen Ebene«:

Außerdem haben wir unsere »Schräge Ebene« aufgebaut: ein 1,40 m langes und 40 cm breites Sperrholzbrett, das wir mit unterschiedlichen Teppichstücken beklebt haben. Die Schräge wird zunächst einfach auf den Boden gelegt und die Kinder gehen oder krabbeln darüber. Dann wird ein Ende der Schräge an einen Kindertisch gestellt. Jetzt ist es schon schwieriger, die Schräge hoch – oder herunterzugehen oder auch zu krabbeln. Die Kinder dürfen hierzu ihre Schuhe ausziehen, da die Fußsohlen so besser die unterschiedliche Beschaffenheit des Untergrundes erspüren können. Anschließend ist Zeit zum gemeinsamen Frühstück.

Körperbilder verzieren:

Die Figuren sind mittlerweile ausgeschnitten; am Kreativtisch und auf dem Boden können die Kinder nun ihren Körper verzieren. Hierbei geht es nicht um das naturgetreue Abbild; die Kinder dürfen sich ganz individuell anmalen und bekleben. Besonderen Spaß macht das Ankleben der Wollhaare und Knöpfe.

Schlusskreis

Zum Abschluss singen wir heute die Lieder »Zeigt her eure Füße« und »Große Leut', kleine Leut', alle singen heut'«:

Zeigt her eure Füße, zeigt her eure Schuh'
und sehet den fleißigen Kindern jetzt zu.
Sie bauen, sie bauen, sie bauen den ganzen Tag.
Sie bauen, sie bauen, sie bauen den ganzen Tag.

Weitere Strophen: sie säen ..., sie essen ..., sie spielen ..., sie trinken ..., sie turnen ..., sie lachen ..., sie hüpfen ..., sie schlafen ...
usw. – Dazu werden die entsprechenden Bewegungen gemacht.

»Große Leut', kleine Leut'«

Wir klat - schen mit den Hän - den, und
al - le klat - schen mit. Ja, klatscht mit eu - ren
Hän - den und singt für Gott ein Lied.

Refrain:
Gro - ße Leut', klei - ne Leut', sin - gen heut,
klat - schen heut. Gro - ße Leut',
klei - ne Leut', dass Gott sich da - ran freut.

(mündlich überliefert)

2. Wir stampfen mit den Füßen und alle stampfen mit.
   Ja, stampft mit euren Füßen und singt für Gott ein Lied.
   Refrain:
   Große Leut', kleine Leut' singen heut, stampfen heut.
   Große Leut', kleine Leut', dass Gott sich daran freut.

3. Wir hören mit den Ohren und alle hören mit.
   Ja, hört mit euren Ohren und singt für Gott ein Lied.
   Refrain:
   Große Leut', kleine Leut' singen heut, hören heut.
   Große Leut', kleine Leut', dass Gott sich daran freut.

► Thema: **Wir spielen mit dem Schwungtuch**

Alter der Kinder: ab 2 1/2 Jahre

Vorbereitung:

Schwungtuch ausleihen und Luftballons aufblasen.

(Für die folgenden Übungen benötigt man ein richtiges Schwungtuch aus Ballonseide; selbst genähte Tücher sind oft zu schwer. Schwungtücher kann man in Sportvereinen, Kindergärten oder beim CVJM ausleihen.)

Materialien:

Schwungtuch, Luftballons, leichte Bälle

Begrüßungskreis

In unserem Begrüßungskreis machen wir heute nach dem gewohnten Morgenlied unter anderem das Fingerspiel »In einem Hicke, hacke, hucke Häuschen«:

In einem Hicke, hacke, hucke Häuschen
  (beide Hände bilden das Dach und bewegen sich hin und her)
wohnt ein kleiner Mann, wohnt ein kleiner Mann.
  (mit dem Daumen der rechten Hand wackeln)
In einem Hicke, hacke, hucke Häuschen
wohnt ein ganz kleiner Mann.
  (Wiederholung)

Ei, was macht er da; ei, was macht er da, der ganz kleine Mann?
  (fragende Geste, Innenflächen der Hände nach oben, Schultern hochziehen)
Er tanzt ein Hicke, hacke, hucke Tänzchen
mit der kleinen Frau, mit der kleinen Frau.

Er tanzt ein Hicke, hacke, hucke Tänzchen mit der ganz kleinen Frau.

(beide Daumen tanzen zusammen, die kleine Frau wird vom linken Daumen dargestellt)

Außerdem singen wir das *Schaukellied* »Schaukeln auf dem Meer«, bei dem die Kinder auf dem Schoß der Mutter kräftig geschaukelt und vom »Wind« durchgepustet werden:

»Schaukeln auf dem Meer«

2. Schaukeln, schaukeln, der Wind fängt zu blasen an.
   Schaukeln, schaukeln, er bläst wie ein Orkan.

3. Schaukeln, schaukeln, es kehrt jetzt Ruhe ein.
   Schaukeln, schaukeln, wir fahr'n in den Hafen hinein.

(Text: Wolfgang Hering, alle Rechte bei »Trio Kunterbunt«, Groß-Gerau)

Kreativangebot

Den Raum haben wir für diesen Morgen freigeräumt, damit wir genug Platz für unseren Schwungtuchkreis haben. Das Schwungtuch breiten wir ganz gerade auf dem Boden aus und knien uns im Kreis drum herum, wobei immer eine Mutter und ein Kind nebeneinander knien. Zunächst fassen alle das Tuch an und ziehen es fest. Dann wiederholen wir unser Schaukellied, heben das Tuch ein wenig an und lassen es hin- und herschaukeln. Wir bleiben bei der Vorstellung, das Tuch sei das Meer und lassen jetzt einen kleinen Ball auf dem »Wasser« hin- und herrollen. Dabei erzähle ich eine kurze *Geschichte*, die wir in Bewegungen umsetzen wollen. Die Kinder stellen sich dazu, die Mütter bleiben in der Hocke.

Das Meer liegt ruhig und friedlich im Sonnenschein, keine Welle ist zu sehen.

   (wir halten das Tuch ganz ruhig)

Da kommt ein kleiner Ball geschwommen und macht ein paar winzige Wellen.

   (von der Seite wird ein Ball aufs Tuch geworfen)

Dunkle Wolken schieben sich vor die Sonne und ein leichter Wind kommt auf.

   (Kinder machen leise Windgeräusche, das Tuch bewegt sich wenig)

Der Wind wird immer stärker und pustet den kleinen Ball hin und her.

   (Kinder pusten den Ball stärker an, dazu machen wir mit dem Tuch Wellen)

Aus dem Wind wird ein Sturm und unser Ball hüpft von einer Welle zur anderen!

   (durch gleichzeitiges Auf- und Abbewegen des Tuches lassen wir den Ball hochfliegen und fangen ihn wieder auf)

Dann legt sich der Sturm wieder, die Wellen werden kleiner und kleiner und schließlich ist das Meer so ruhig wie zuvor und unser kleiner Ball schwimmt weiter.

Für die nächste Übung halten nur die Mütter das Schwungtuch fest. Wir gehen gemeinsam in die Hocke und nehmen das Tuch mit. Durch gleichzeitiges Hochheben des Tuches bläht es sich für kurze Zeit nach oben, so dass die Kinder darunter herlaufen können. Besonderen Spaß macht es, wenn dabei Kinder »gefangen« werden. Die Kinder können sich auch in die Mitte setzen und sich vom Tuch zudecken lassen.

Zum *Abschluss* stellen wir uns noch einmal alle gemeinsam um das Tuch. Ein aufgeblasener Ballon wird darauf gelegt und wir versuchen, ihn so hoch wie möglich fliegen zu lassen oder ihn ganz vom Tuch zu bekommen. Nach und nach kommen andere Luftballons (in der Anzahl der Kinder) dazu, die hochfliegen sollen. Das Schwungtuch wird jetzt eingerollt und die Kinder können noch mit ihren Ballons oder anderem Spielmaterial spielen.

Schlusskreis

Nach dem Frühstück singen wir heute als *Schlusskreislied* »Ich bin ein kleiner Schaukelbär«,
dazu wird jedes Kind im zusammengelegten Schwungtuch geschaukelt.

Ich bin ein kleiner Schaukelbär,
ich bin ein kleiner Bär,
ich schaukel hin und schaukel her,
das ist ja gar nicht schwer.

Bist du auch ein kleiner Schaukelbär,
bist du auch ein kleiner Bär?
Dann schaukel hin und schaukel her,
das ist ja gar nicht schwer.

Mit dem Schlusslied »Alle Leut', alle Leut'« endet die Spielgruppe.

▶ Thema: **Alles unter einem Hut**

Alter der Kinder: ab 2 Jahre

Vorbereitung:

Wir bringen verschiedene Hüte mit, rühren Kleister an und besorgen Pappteller und Krepppapier.

Materialien:

Pappteller, Kleister, dicke Pinsel, Krepppapier, Hüte, Scheren, Buntpapier, Transparentpapier

Begrüßungskreis

Nach unserem Begrüßungslied stellen alle Kinder und Mütter ihre mitgebrachten Hüte vor. Wer möchte, darf sie auch aufsetzen. Gut zum Thema passt das Lied: »Mein Hut, der hat drei Ecken«, das sicher allen bekannt ist. Wir singen das Lied und machen die bekannten Bewegungen dazu.

Die Hüte auf den Köpfen eignen sich wunderbar, um darunter kleine Dinge zu verstecken. Ein Kind hält sich die Augen zu oder wird weggedreht, eine kleine Süßigkeit wird unter einem beliebigen Hut versteckt. Nun soll das Kind suchen, indem es die Kinder oder Mütter bittet, ihren Hut abzunehmen. Das geht so lange, bis das Kind etwas erbeutet hat; die Mutter darf dabei helfen. Zum Abschluss des Begrüßungskreises singen und spielen wir »Nimm den Hut«, was den Kindern sehr viel Spaß macht.

(Das Kind sitzt dabei auf dem Schoß. Das Lied wird ganz langsam gesungen. Dabei wechselt ein Hut vom großen zum kleinen Kopf. Bei »Bum, bum« stampfen die Füße zusammen – erst rechts und dann links – auf dem Boden auf.)

»Nimm den Hut, den wunderschönen Hut«

Nimm den Hut, den Hut, den wun- der- schö- nen Hut, gib ihn
wei - ter und hab acht, wie man das macht. Bum, bum.

(Text und Melodie mündlich überliefert, alle Rechte bei »Trio Kunterbunt«, Groß-Gerau)

Im freien Spiel möchten wir heute die Gelegenheit geben, sich zu verkleiden. Wir haben dazu verschiedene Dinge mitgebracht, vor allem Tücher und Gardinenstoffe, aus denen man wunderschöne Umhänge und Kleider zaubern kann. Natürlich kommen auch unsere Hüte zum Einsatz. Anschließend frühstücken wir gemeinsam.

Kreativangebot

Bastelanleitung für bunte Hüte aus Papptellern:

Die Kinder reißen hierfür zuerst kleine Stücke aus Buntpapier oder Transparentpapier. Die Rückseite des Papptellers wird stückweise mit Kleister eingestrichen und dann mit bunten Schnipseln beklebt. Einige Krepppapierstreifen werden an zwei gegenüberliegenden Seiten des Tellers befestigt (mit Tacker). Wenn man den Teller an einer Stelle bis zur Mitte einschneidet, dann etwas übereinander schiebt und mit dem Tacker festmacht, hat der fertige Hut einen besseren Halt. Während die Hüte auf der Heizung trocknen, räumen wir auf und bilden unseren Schlusskreis.

Schlusskreis

Heute singen wir »Herr, dein guter Segen ist wie ein großer Hut« und »Es geht eine Zipfelmütz'«. – Nach dem Schlusslied ist unser »Hut-Morgen« zu Ende.

»Kindersegen«

1. Herr, dein guter Segen ist wie ein großer Hut. Wenn die Leute wü-ten wirst du mich be-hü-ten. Wir sind in dei-ner Hut, und das ge-fällt uns gut, und das gefällt uns gut!

2. Herr, deine guten Hände sind wie ein großer Hut.
   Schlagen wird nichts nützen, du willst mich beschützen.
   Wir sind in deiner Hut ...

3. Herr, deine große Liebe ist wie ein großer Hut.
   Kann mich keiner riechen, kann ich mich verkriechen.
   Wir sind in deiner Hut ...

4. Herr, deine guten Worte sind wie ein großer Hut.
   Froh werd ich ihn tragen, allen weitersagen:
   Wir sind in deiner Hut ...

(Text: Jürgen Fliege; Melodie: Oskar Gottlieb Blarr; aus: »Fünf Brote und zwei Fische«, 1977. Textrechte im tvd-Verlag Düsseldorf; Musikrechte im Strube-Verlag, München)

Die Autorinnen

Simone Ahlbrecht, geb. 1963, Krankenschwester und Mutter von zwei Töchtern, hat fünf Jahre lang allein und eigenverantwortlich einen Mutter-Kind-Kreis in Kassel geleitet. Heute arbeitet sie in der ambulanten Krankenpflege und unterrichtet außerdem arbeitslose Jugendliche in einer gemeinnützigen Bildungseinrichtung.

Marion Assmann, geb. 1961, Krankenschwester, verheiratet und Mutter von vier Kindern in Alter von 6 bis 15 Jahren, leitet seit Sommer 1995 eine Eltern-Kind-Kreis-Arbeit in Kappeln (Schleswig-Holstein).

Beate Gaebler, geb. 1962, gelernte Industriekauffrau, zur Zeit Hausfrau und Mutter von zwei Kindern, arbeitet stundenweise im eigenen Geschäft mit. Sie hat früher vor allem Jungschararbeit gemacht und ist aktiv in Bibellesekreisen für Mütter mit Kleinkindern. 1994 hat sie gemeinsam mit Monika Ittner den »Mini-Club« in Melsungen gegründet.

Monika Ittner, geb. 1962, Gemeindediakonin, verheiratet und Mutter einer Tochter, lebt in Melsungen und arbeitet mit ihrem Mann in der Landeskirchlichen Gemeinschaft vor Ort. Seit elf Jahren leitet sie Kindergruppen in unterschiedlichen Altersklassen. Als Honorarkraft arbeitet sie außerdem in Gruppen für behinderte und nichtbehinderte Kinder.

Simone Jacken, geb. 1960, Erzieherin, lebt mit ihrem Mann und ihren zwei Kindern in Wuppertal. Seit 11 Jahren engagiert sie sich im Eltern-Kind-Bereich. Sie gibt Literatur- und Kochkurse für Eltern mit Kindern in einer katholischen und einer evangelischen Familienbildungsstätte und betreut als Kursleiterin im Moment drei Spielgruppen.